A Jornada da Heroína
Caderno de atividades

Maureen Murdock

A Jornada da Heroína
Caderno de atividades

**UM GUIA PRÁTICO
PARA A BUSCA POR
AUTOCONHECIMENTO**

Inclui exercícios criativos,
de imaginação ativa
e trabalho com sonhos

Título original: *The Heroine's Journey Workbook*

Copyright © 1998 por Maureen Murdock
Copyright da tradução © 2023 por GMT Editores Ltda.

Todos os direitos reservados. Nenhuma parte deste livro pode ser utilizada ou reproduzida sob quaisquer meios existentes sem autorização por escrito dos editores.

tradução: Sandra Trabucco Valenzuela
preparo de originais: Rafaella Lemos
revisão: Ana Grillo e Priscila Cerqueira
diagramação: Ana Paula Daudt Brandão
capa: Kate E. White
adaptação de capa: Natali Nabekura
imagem de capa: iStock
impressão e acabamento: Associação Religiosa Imprensa da Fé

CIP-BRASIL. CATALOGAÇÃO NA PUBLICAÇÃO
SINDICATO NACIONAL DOS EDITORES DE LIVROS, RJ

M949j

Murdock, Maureen
    A jornada da heroína : caderno de atividades / Maureen Murdock ; tradução Sandra Trabucco Valenzuela. - 1. ed. - Rio de Janeiro : Sextante, 2023.
    176 p. : il. ; 23 cm.

    Tradução de: The heroine's journey workbook
    ISBN 978-65-5564-591-0

    1. Mulheres - Psicologia. 2. Mulheres - Condições sociais. 3. Feminilidade. 4. Papel sexual. I. Valenzuela, Sandra Trabucco. II. Título.

22-81273   CDD: 305.4
                                    CDU: 316.346.2-055.2

Gabriela Faray Ferreira Lopes - Bibliotecária - CRB-7/6643

Todos os direitos reservados, no Brasil, por
GMT Editores Ltda.
Rua Voluntários da Pátria, 45 – Gr. 1.404 – Botafogo
22270-000 – Rio de Janeiro – RJ
Tel.: (21) 2538-4100 – Fax: (21) 2286-9244
E-mail: atendimento@sextante.com.br
www.sextante.com.br

Para minha irmã e querida amiga Rosemary

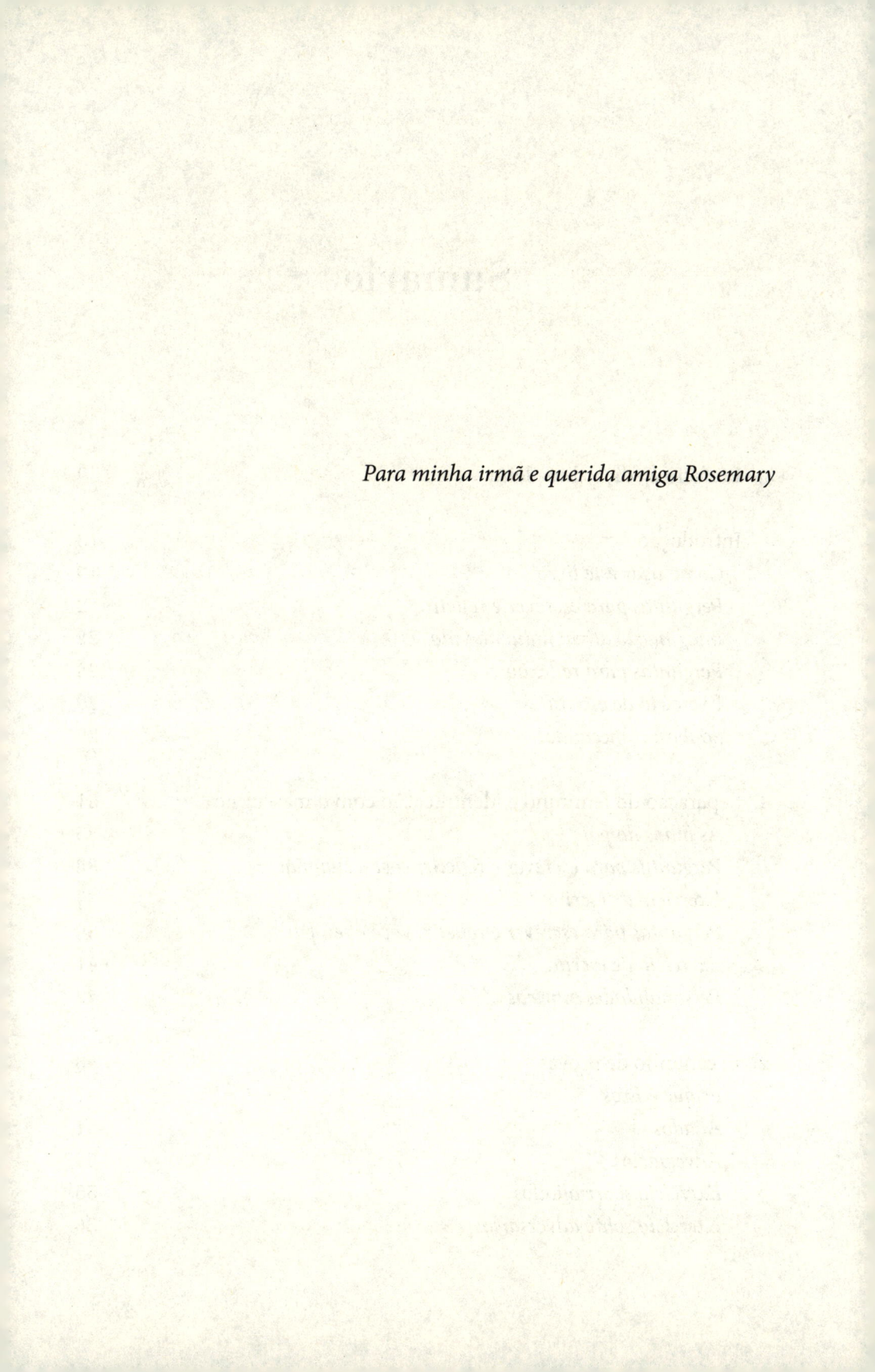

Sumário

Prefácio à edição brasileira — 9

Introdução — 13
   Como usar este livro — 19
   Perguntas para escrever e refletir — 22
   Imaginação ativa: linha da vida — 22
   Perguntas para reflexão — 28
   Exercício de escrita — 29
   Sonhos: começando — 29

1. Separação do feminino e identificação com o masculino — 31
   As filhas do pai — 35
   Perguntas para escrever e refletir: você e sua mãe — 38
   Exercício de escrita — 39
   Perguntas para escrever e refletir: você e seu pai — 39
   Exercício de escrita — 41
   Personalidades oníricas — 42

2. O caminho de provas — 43
   Psiquê e Eros — 47
   Aliados — 51
   Adversários — 52
   Exercício sobre aliados — 55
   Exercício sobre adversários — 56

Imaginação ativa: o aliado ou a aliada	56
Exercício de escrita: o aliado ou a aliada	57
Perguntas para escrever e refletir	58
Sem modéstia	58
Exercício de escrita: o adversário ou a adversária	59
Associações de sonhos	59

3. Iniciação e descida   61
    Descida na meia-idade   65
    O mito de Deméter e Perséfone   67
    A descida de Inana   71
    Imaginação ativa: a descida   78
    Perguntas para escrever e refletir   82
    Exercício de escrita   82
    Ritual de ruptura: pacotes de perdas   83
    Exercício do cadáver   84
    Interpretação de sonhos   85

4. Anseio urgente pela reconexão com o feminino   87
    Ruptura corpo-espírito   89
    A mulher como criadora   91
    A donzela sem mãos   92
    Atividade artística: bonecas espirituais   98
    Perguntas para escrever e refletir   101
    Atividade artística: colagem das mulheres importantes em sua vida   102
    Rituais pessoais   103
    Imagens arquetípicas dos sonhos   105

5. Curando a ruptura mãe-filha   107
    A mulher como construtora de mitos   109
    Retomando a escuridão: como recuperar a louca   111
    Tarefas para curar sua natureza feminina   115
    Ritual: a cura da ruptura mãe-filha   118
    Imaginação ativa: linhagem feminina   120
    Rituais de sonhos   125

6. Curando o masculino ferido ... 127
   Figuras masculinas nos sonhos ... 131
   Perguntas para escrever e refletir ... 135
   Imaginação ativa: protetor interior ... 136
   Atividade artística: escudo protetor ... 137
   Atividade artística: colagem dos homens importantes em sua vida ... 138
   Tabela de atributos femininos e masculinos ... 139
   Grupos de sonhos ... 142

7. O casamento sagrado ... 143
   Gawain e lady Ragnell ... 145
   Ritual: círculo de pedras ... 149
   Atividade artística: máscaras ... 150
   Ritual: o casamento sagrado ... 153
   Sonhos ... 157

8. Conclusão ... 158
   Perguntas para escrever e refletir ... 159
   Exercício de escrita: seu mito pessoal ... 161
   Imaginação ativa: mandala ... 164
   Sonhos ... 166

Notas ... 167

Bibliografia selecionada ... 171

Créditos ... 173

Agradecimentos ... 174

Prefácio à edição brasileira

Vivemos um momento crucial de reflexão e mudança. E o autoconhecimento é um elemento necessário para o mergulho introspectivo, fazendo emergir potencialidades e desejos e curando feridas há muito escondidas ou esquecidas dentro de nós. Essa é a proposta trazida por Maureen Murdock em seu livro *A jornada da heroína*, publicado no Brasil pela Editora Sextante, em 2022, e que ganha ainda mais vitalidade com a presente publicação. Agora temos a oportunidade de aprofundar a vivência do percurso dessa jornada com este livro de atividades.

Enquanto a jornada da heroína constitui uma busca mítica da mulher para curar a ferida profunda de sua natureza feminina, abordando os níveis pessoal, cultural e espiritual, este guia nos revela a experiência prática da autora em suas oficinas, ministradas a mulheres de diversas idades e em inúmeros países, ao longo de décadas.

Maureen Murdock nasceu em Nova York, em 1945. É formada em Psicologia e licenciada em Terapia de Casais e Terapia Familiar, atuando há mais de 30 anos como psicoterapeuta junguiana, escritora, fotógrafa e professora de escrita criativa. Seu trabalho com o feminino é mundialmente reconhecido por sua potência, seu envolvimento e sua intensidade ao abordar aspectos que marcam a psique da mulher.

A jornada da heroína: caderno de atividades propõe exercícios práticos para a busca da plenitude feminina. Proporcionando espaços para meditações, exercícios e perguntas que promovem a autodescoberta, esta obra pode ser usada tanto individualmente como em grupo, com o objetivo de abrir novos caminhos na busca da compreensão, da serenidade e do encontro com nós mesmas.

De acordo com a própria Maureen Murdock, foi em 1981 que ela entrevistou pela primeira vez o mitólogo Joseph Campbell (1904-1987), autor de *O herói de mil faces* (1949), obra célebre que aponta aspectos recorrentes na composição de mitos pertencentes às mais diversas épocas e culturas espalhadas pelos mais diversos pontos do globo. Em seu estudo, Campbell introduz a jornada do herói, o chamado monomito, cujo percurso cíclico divide-se em 17 passos que seguem modelos arquetípicos junguianos, bem como elementos freudianos relativos ao inconsciente. Entretanto, antes mesmo da entrevista a Campbell, Maureen Murdock já havia criado o conceito do que seria a jornada da heroína, deslocando o foco proposto por Campbell para dar atenção especial ao percurso feminino de uma heroína.

A proposição e a atuação de Maureen Murdock no âmbito da Psicologia estão imbuídas da Segunda Onda feminista. Vale recordar que o livro de Simone de Beauvoir, *O segundo sexo* (1949), constitui a referência que impulsiona essa Segunda Onda, pautando discussões basilares, como o questionamento das desigualdades econômicas e sociais arraigadas numa cultura androcêntrica, que desrespeita direitos fundamentais das mulheres com base em argumentações sexistas e em defesa do patriarcalismo.

Desse modo, o contexto em que se insere o trabalho de Maureen Murdock corresponde à efervescência e à necessidade premente de ajudar as mulheres em seu processo de conscientização quanto à validade de suas escolhas: como se dá a rejeição do feminino, a identificação com a figura paterna e o consequente distanciamento da figura feminina, e o que provoca a ruptura entre mãe e filha. Segundo Murdock, o percurso que a mulher deve realizar para alcançar o autoconhecimento é doloroso e introspectivo: trata-se da "descida para a Deusa", uma metáfora para um encontro com o lado sombrio que cada mulher guarda em seu interior.

A autora parte da importância de conhecermos os padrões míticos que marcam a cultura e a vida em nossa sociedade, para então compreendermos o significado do nosso mito pessoal, que se caracteriza, entre outros aspectos, por sua mutabilidade, pois ele vai sendo redesenhado e reconstruído inúmeras vezes, de acordo com as circunstâncias que se apresentam em nossa vida.

Conhecer os mitos antigos e novos, analisar questões religiosas, econômicas, culturais, de gênero e de diversidade, constitui parte importante no aprendizado dentro da jornada arquetípica, pois, nos termos de Murdock, esses elementos auxiliam a mulher a alcançar o sentido de clareza e a compreender sua missão de vida, algo que tem repercussões inclusive na preservação do equilíbrio da vida na Terra.

A heroína deve empreender uma jornada espiritual e psicológica que resulta na integração completa com todas as partes de sua natureza. Assim, mitos, contos de fadas, narrativas tradicionais e contemporâneas formam um arcabouço de experiências arquetípicas que apontam para a busca da identidade feminina posicionada no âmago de uma cultura androcêntrica.

A separação do feminino e o enfrentamento dos mitos da inferioridade feminina, da dependência e do amor romântico compõem o desafio pessoal da heroína. Ao vestir a armadura para enfrentar, de igual para igual, o mundo dos homens em sua batalha por sucesso e poder, ela se depara com sua própria aridez espiritual, já que sua vida acaba se concentrando no *fazer*, não no *ser*.

A inexorável sensação de perda a induz às próximas etapas: iniciação e descida. Nesse período de interiorização e busca das partes perdidas de si mesma, a heroína anseia por se reconectar com o feminino e curar a ruptura entre mãe e filha, bem como as partes feridas de seu masculino interior. Por fim, a integração e o equilíbrio de todos os aspectos de si própria terminam por viabilizar o chamado casamento sagrado.

Os capítulos deste livro incluem perguntas para reflexão, exercícios de imaginação ativa, produção de texto escrito e obras de arte e trabalhos com sonhos para trazer clareza e compreensão à busca. Finalmente, as habilidades aprendidas nessa jornada arquetípica preparam a mulher para trabalhar em prol de trazer consciência aos outros e preservar o equilíbrio da vida.

Seguindo o estilo de *A jornada da heroína*, este livro de atividades foge do tradicional e do palpável para perscrutar o intangível e o subjetivo, o mistério desafiador que constitui a psique feminina.

Mais uma vez, Murdock também nos expõe sua história, suas feridas e a trilha norteadora de seu processo de cura mediante o seu reencontro introspectivo com a natureza feminina, a restauração do equilíbrio e a reintegração com a essência do feminino.

Com uma leitura fácil, fluida e agradável, a obra estimula o árduo trabalho de autoconhecimento através da expressão escrita e visual, que se alimenta de imagens guiadas, sensações e relatos provocados por sonhos, memórias e percursos criativos.

O interesse despertado pela jornada da heroína não se restringe somente a mulheres ou a profissionais da área de Psicanálise: como se sabe, já há alguns anos a jornada vem servindo de referência para a construção de narrativas literárias e audiovisuais, semeando a imaginação de roteiristas e estudiosos da Comunicação e da Literatura, como é o meu caso específico. Meus trabalhos acadêmicos sobre a jornada da heroína concebida por Maureen Murdock versam sobre a compreensão, a reflexão e a aplicação da temática feminina, valorizando o tema do protagonismo da mulher e suas especificidades no entrelaçamento dos fios que tecem as narrativas contemporâneas.

Quanto à forma adotada, a presente tradução busca preservar o estilo e o sabor do texto da autora, mantendo a sintaxe e as escolhas lexicais o mais próximas possível do original. Mais uma vez, agradeço à Editora Sextante a oportunidade de traduzir e prefaciar este trabalho, que desde já se apresenta como uma obra de cunho multidisciplinar e cuja rede semântica estende-se em complexas ramificações, associando-se a áreas pertinentes à Psicologia, às Artes, à Sociedade, ao Feminismo, à Literatura, à Comunicação, entre outras.

Neste livro, encontraremos atividades, provocações e reflexões observadas e elaboradas por Maureen Murdock ao longo de sua experiência como psicóloga junguiana. E assim temos a oportunidade de nos juntar a ela no desafio de disponibilizar às mulheres a perspectiva da transformação gerada pelo autoconhecimento e pela consciência do eu, o qual se permite fluir através de um percurso cultural e espiritual rumo à preservação dos valores femininos, à cura das feridas ocasionadas por exigências e padrões dos valores masculinos e, por fim, à reconexão com a natureza feminina e à sua totalidade.

Sandra Trabucco Valenzuela,
Ph.D. pela Universidade de São Paulo (USP)
Pós-doutora em Literatura Comparada também pela USP

Introdução

A tarefa da mulher contemporânea é curar a ferida do feminino que existe no fundo de si mesma e da cultura.
— Maureen Murdock, *A jornada da heroína*

A maioria de nós passa a vida inteira tentando encontrar o sentido da própria existência. Buscamos sentido ao contar a história sobre como e onde crescemos, quem eram nossos pais, como as pessoas importantes na nossa vida nos influenciaram, quais desafios e obstáculos enfrentamos e como lidamos com a vitória e o fracasso. A história que contamos a nós mesmas e aos outros nos proporciona um senso de identidade. Ela nos ajuda a organizar nossa vida de modo a atribuir-lhe sentido e direção.

Na idade adulta, procuramos mapas ou diretrizes que nos deem pistas sobre nosso desenvolvimento ao longo das etapas da vida. Analisamos como os acontecimentos da primeira infância e da adolescência influenciam as escolhas que fazemos na vida adulta, na meia-idade e na terceira idade. Procuramos à nossa volta mentores que estejam navegando de forma consciente sua própria jornada. Buscamos um senso de pertencimento dentro de nossa comunidade; nos perguntamos sobre nosso propósito e como nos encaixamos no quadro mais amplo e inclusive se existe, de fato, um quadro mais amplo.

Nosso mito pessoal – ou nossa história – nos oferece uma maneira de entender nossas origens, quem somos, onde é o nosso lugar e se nossa vida tem sentido. Se pudermos ter consciência de nossa própria história na medida em que ela se desenrola, teremos mais chance de entendê-la e de fazer amizade com nossa própria vida. Os padrões míticos oferecem diretrizes ou mapas. Um mito pessoal é uma constelação de crenças, sentimentos e imagens organizada em torno de um tema central, e aborda um dos domínios dentro dos quais a mitologia tradicionalmente funciona. São eles:

* SIGNIFICADO: o desejo de compreender o mundo natural de uma forma significativa;
* MAPA: a busca de um caminho traçado através das sucessivas épocas da vida humana;
* TRIBO: a necessidade de estabelecer um contexto de segurança e relações gratificantes dentro de uma comunidade; e
* LUGAR: o anseio por conhecer o próprio papel na vasta maravilha e no mistério do universo.

Um mito pessoal pergunta por que estou aqui, como traço meu caminho pela vida, a que tribo pertenço e onde me encaixo no esquema mais amplo das coisas. Um mito pessoal não é um roteiro definido no qual representamos um papel; nosso mito pessoal evolui ao longo do tempo. D. Stephenson Bond escreve: "Durante uma vida inteira, vivenciamos não um mito pessoal, mas a morte e o renascimento de um mito pessoal. Nós nos encaixamos no mito e nos perdemos dele várias vezes ao longo da vida. A experiência central permanece, mas durante uma vida inteira deve ser trabalhada e retrabalhada."[1]

Gênero, cultura, classe econômica e crenças religiosas formam nossa mitologia pessoal e os símbolos e ritos que levam nosso mito adiante. Em uma época em que os mitos culturais sobre mulheres e homens estão sendo desafiados em todas as frentes e há um impulso político e religioso para retornar aos roteiros do passado, muitas pessoas estão buscando uma compreensão mais profunda sobre a própria história. Portanto, é importante para nós buscarmos sabedoria e inspiração nos mitos antigos e explorar os seus padrões para encontrar uma direção possível.

Pode-se perceber a própria vida como uma história desdobrando-se em uma série de experiências em espiral, cada uma delas contendo a forma trifásica de separação/provação – processo de aprendizagem/retorno.
— LINDA SUSSMAN

O padrão mítico que exploraremos neste livro é a jornada da heroína, a busca por curar a ferida profunda de nossa natureza feminina em níveis pessoal, cultural e espiritual. Como mulheres, fazemos uma jornada psicoespiritual para nos tornarmos plenas, integrando todas as partes de nossa natureza. Às vezes, essa jornada é consciente, mas em muitos casos não é.

Escrevi *A jornada da heroína* em 1990 para descrever as etapas da experiência feminina em sua busca mítica. Eu passara anos estudando e trabalhando com Joseph Campbell; seu trabalho sobre a jornada do herói inspirou meu desejo de escrever algo que fosse específico à jornada feminina. Desde então, tenho recebido milhares de cartas de mulheres (e de alguns homens) de todo o mundo pedindo orientações para tornar a própria jornada consciente. Por isso escrevi este livro de atividades.

Essa jornada começa com uma separação inicial do feminino quando a heroína se afasta da mãe e busca uma identidade em uma cultura definida pelo masculino. Ela desenvolve habilidades masculinas e encontra aliados para ajudá-la a construir seu nicho em um ambiente competitivo, orientado à produtividade. Ela veste sua armadura, pega sua espada, escolhe seu corcel mais veloz e parte para a batalha. Ao longo do percurso, ela percorre o caminho das provações, enfrentando desafios para superar os mitos da inferioridade feminina, da dependência e do amor romântico à medida que luta pela ilusória dádiva do sucesso prometida pela cultura – que pode ser uma titulação acadêmica, um cargo de liderança, um relacionamento, dinheiro, poder político.

Depois de alcançar o sucesso num mundo masculino ou de sangrar tentando alcançá-lo, a heroína experimenta um profundo sentimento de aridez espiritual. Ela conseguiu tudo aquilo a que se propôs e agora procura o próximo obstáculo para saltar, a próxima promoção, o próximo relacionamento, preenchendo cada momento livre com o *fazer*. Ela começa então a se perguntar: "Para que serve tudo isso? Consegui tudo o que planejei e me sinto vazia. O que eu perdi?" O que ela pode ter perdido é um relacionamento profundo consigo mesma.

Durante a parte seguinte da jornada, a heroína passa por uma iniciação e pela descida para a Deusa para reconquistar as profundezas de sua alma feminina perdida. Essa etapa pode envolver um período aparentemente interminável durante o qual ela enfrenta luto e raiva, procura os pedaços perdidos de si mesma e encontra o feminino sombrio. Pode levar semanas, meses ou anos, e para muitas pode envolver um período de isolamento voluntário (um período de silêncio), durante o qual elas aprendem a ouvir profundamente a própria alma. A heroína anseia por se reconectar com a sua natureza feminina e curar a ruptura mãe/filha, a ferida que ocorreu com a rejeição inicial do feminino. Isso pode ou não envolver uma cura real do relacionamento entre uma mulher e sua mãe. Uma cura ocorre, no entanto, dentro da própria pessoa quando ela começa a nutrir seu corpo e sua alma e a recuperar seus sentimentos, sua intuição, sua sexualidade, sua criatividade e seu bom humor.

Ela então começa a identificar as partes renegadas e feridas de sua natureza masculina e finalmente aprende a integrar e equilibrar todos os aspectos de seu ser. Nesse processo, a heroína se torna uma guerreira espiritual. Ela precisa aprender a delicada arte do equilíbrio e ter paciência para que ocorra a lenta e sutil integração dos aspectos femininos e masculinos de si mesma. Primeiro, ela anseia por perder seu eu feminino e se fundir com o masculino; porém, uma vez que faz isso, ela começa a perceber que essa não é nem a resposta nem o fim. Ela não precisa abrir mão do que aprendeu ao longo de sua busca heroica, mas deve aprender a ver suas habilidades e seus sucessos não tanto como o objetivo, mas como parte de sua jornada como um todo. Ela então começará a usar essas habilidades para trabalhar em direção à busca maior, que é trazer consciência aos outros de modo a preservar o equilíbrio da vida na Terra.

Essa jornada, como a jornada do herói traçada por Joseph Campbell em *O herói de mil faces*, descreve o processo de individuação. A individuação refere-se ao processo permanente de nos tornarmos o ser humano completo que fomos destinados a ser. Ela revela nossa natureza especial, *individual*.[2] Campbell explorou esse processo a partir das etapas do mito do herói, ou seja, a jornada de um homem (ou mulher) que foi capaz de lutar para superar suas limitações históricas, pessoais e locais, emergindo para uma nova forma humana. O herói responde a um chamado à aventura, cruza o limiar de reinos desconhecidos, encontra aliados ou guias sobrenaturais que o ajudam em sua jornada, e enfrenta adversários ou guardiões do limiar que tentam impedir seu progresso. O herói então experimenta uma iniciação no ventre da baleia, uma série de provas que testam suas habilidades e sua

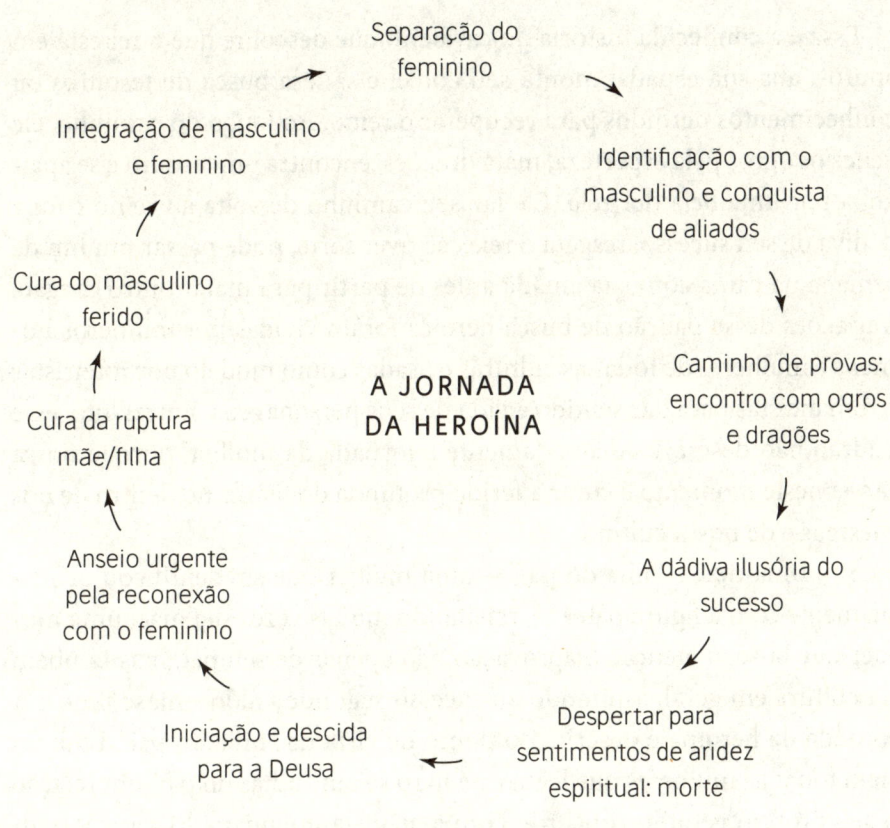

A jornada da heroína começa com a "Separação do feminino" e termina com a "Integração de masculino e feminino".

determinação antes que ele possa encontrar o tesouro ou a dádiva que procura. Ele encontra, então, uma parceira misteriosa na forma de uma Deusa, assume um casamento sagrado e embarca numa viagem de retorno através do limiar para trazer de volta ao povo o tesouro que ele encontrou. A jornada desse herói é uma busca pela alma e se repete em mitologias e contos de fadas do mundo todo.

A principal função da mitologia e do rito sempre foi fornecer os símbolos que levam o espírito humano adiante, em contraposição àquelas outras constantes fantasias humanas que tendem a retê-lo.
— JOSEPH CAMPBELL, *Mitologia primitiva*

Essa é a conhecida história do cavaleiro que descobre que o rei está em apuros, afia sua espada, monta seu corcel e sai em busca de tesouros ou conhecimentos perdidos para recuperar o reino. Ao longo do caminho, ele vence os ogros pela esperteza, mata dragões, encontra um tesouro e se apaixona por uma bela donzela. Ele faz seu caminho de volta ao reino com a dádiva de seu sucesso, resgata o rei e, se tiver sorte, pode passar um fim de semana na cama com sua amada antes de partir para matar outro dragão. Variações desse padrão de busca heroica foram vividas por inúmeros homens e mulheres de todas as culturas e usadas como modelo por roteiristas e romancistas para dar sentido à vida de seus personagens. Entretanto, esse padrão não descreve adequadamente a jornada da mulher, porque nossa tarefa neste momento é curar a ferida profunda do feminino dentro de nós mesmas e de nossa cultura.

Sou uma típica "filha do pai" – uma mulher que se identificou principalmente com a figura paterna, rejeitando muitas vezes sua mãe; uma mulher que buscou atenção e aprovação não apenas de seu pai, mas também da cultura em geral, aspirando ao sucesso segundo valores masculinos. A jornada da heroína é descrita do ponto de vista da "filha do pai". Embora nem todas as mulheres que leem este livro sejam "filhas do pai" em relação a seu próprio genitor, concordo com a analista junguiana Marion Woodman quando escreve que a maioria de nós somos filhas do pai em relação à cultura predominantemente masculina em que vivemos.

O modelo aqui apresentado não se encaixa necessariamente à experiência de todas as mulheres de todas as idades nem está limitado apenas às mulheres. Ele aborda as jornadas de ambos os sexos e descreve a experiência de muitas pessoas que se esforçam para contribuir ativamente com o mundo, mas que também temem o que nossa sociedade orientada para o progresso fez à psique humana e ao equilíbrio ecológico do planeta. O movimento através dessas etapas não é linear; ele é cíclico e muito provavelmente se repetirá várias vezes durante a vida de uma pessoa. Você também pode se encontrar trabalhando em mais de um estágio de desenvolvimento de cada vez. A jornada da heroína é um ciclo contínuo de desenvolvimento, crescimento e aprendizado. Você pode descobrir que algumas partes se aplicam a você e outras não. Use a jornada em parte ou em sua totalidade como um modelo para seu próprio desenvolvimento.

Porém, antes de começarmos a explorar em profundidade as etapas da jornada da heroína, devemos abordar as definições de heroísmo, que mudam constantemente, e a forma como os mitos culturais influenciaram nossas percepções sobre nós mesmas como mulheres. O papel da heroína implicava a realização de tarefas grandiosas que podiam colocar em risco nossa segurança, nossa saúde e nossos relacionamentos (pense em Joana d'Arc e Florence Nightingale). Mulheres que foram capazes de "fazer tudo", de "ser tudo para todas as pessoas", foram admiradas e aplaudidas, ou até recompensadas financeiramente. O foco delas estava nas realizações e no serviço – quanto mais elas faziam, quanto mais tarefas riscavam de sua lista, mais sentiam que mereciam ser valorizadas. O modelo da mulher trajando roupas modernas, equilibrando sua pasta de trabalho e a mamadeira de leite em pó em tribunais e salas de reuniões espalhadas pelo país, tornou-se o objetivo de muitas jovens mulheres, particularmente nas décadas de 1970 e 1980. Uma mulher que não alcançasse esse tipo de reconhecimento exterior e sucesso muitas vezes experimentava uma profunda sensação de perda ou mesmo de fracasso.

O mito da inferioridade e da dependência feminina dos anos 1950 e início dos anos 1960 foi substituído pelo mito da supermulher das décadas de 1980 e 1990. Aquelas mulheres que buscavam a igualdade política, econômica e espiritual com os homens nas universidades, nos negócios e no lar sentiram uma euforia inicial ao alcançar seus êxitos diários, mas enfim começaram a experimentar um cansaço em seu coração. O esgotamento e o divórcio tiveram um impacto em sua saúde, e a luta pela realização individual perdeu seu fascínio. Com essa mudança, a definição de heroína exigiu também uma modificação: daquela que se esforçava para satisfazer as exigências da cacofonia das vozes externas à que passou a aprender a equilibrar a vida pessoal, familiar e profissional e dar ouvidos à tranquila voz interior.

Como usar este livro

Este livro de atividades foi escrito para guiar você através das diferentes etapas da jornada da heroína. Ele funcionará muito como as oficinas que realizei com mulheres entre 13 e 86 anos, em toda a América do Norte, Europa e México. Pode ser usado em grupo ou apenas por você. Juntas, exploraremos todas as etapas da jornada e veremos os mitos e contos de fadas que as ilustram. Os capítulos incluem questionamentos a serem considerados por você sobre seu desenvolvimento como mulher, bem como exercícios de imaginação ativa, escrita e arte que trarão clareza e compreensão à sua jornada. Pode ser útil providenciar um diário ou caderno especial para registrar seus sonhos e fazer os exercícios de escrita e de arte.

Você pode achar útil ler o livro inteiro primeiro para entender o caminho da jornada da heroína e depois voltar para explorar os exercícios em profundidade. Ou pode escolher se concentrar em um capítulo de cada vez e trabalhar nos seus respectivos exercícios até concluí-los. Leve o tempo que for necessário em cada atividade. Faça-as no seu próprio ritmo e escolha um horário em que não será interrompida – talvez seja interessante programar o mesmo horário a cada semana.

Você verá que o material sugerido nos exercícios serve como um trampolim para evocar mais memórias, sonhos e insights. Será fácil se sentir sobrecarregada. Você pode querer deixar o livro por um tempo e retomá-lo mais tarde. O movimento através das etapas – e também através dos exercícios – é cíclico. Muitas questões serão examinadas em diferentes níveis ao longo da obra.

Trabalhe com os exercícios em sequência ou escolha, de cada capítulo, aqueles que julgar mais interessantes ou desafiadores. A maioria de nós acredita que nossos maiores insights surgem quando fazemos as tarefas mais árduas. Você receberá sugestões sobre rituais que talvez queira criar para aprofundar o processo.

De acordo com a minha experiência, as pessoas que frequentam as oficinas da jornada da heroína se irritam, julgam e sentem raiva no terceiro dia, ou em qualquer que seja o dia em que começamos a descida. Ao trabalhar com o material da descida, no Capítulo 3, talvez você sinta vontade de fechar o livro e interromper o processo. Não faça isso. Seja gentil com você mesma e respire fundo. Prepare uma xícara de chá ou dê uma caminhada. Apoie-se com amor e compaixão. Nunca se julgue. Seja paciente com seu processo e assuma o compromisso de trabalhar as questões inerentes à descida em seu próprio ritmo. Ao fazer isso, eu prometo que você encurtará sua permanência no mundo inferior!

Despertar exige que uma mulher reaja conscientemente, aceite o convite para recriar a si mesma e empreenda esse desafio, não importa quão assustada ou inadequada ela possa se sentir. Assim, cada chamado ao despertar exige não apenas ser ouvido, mas que a mulher encontre a coragem de confiar nesse chamado e afirmá-lo sempre que ele surgir, onde quer que ele a leve, e por mais que ele desafie sua maneira de estar no mundo.

– Kathleen Noble

Você pode querer compartilhar seus insights com alguém ou manter toda a experiência em particular. Essa decisão é sua. Ao ler este livro, sinta-se à vontade para sublinhar passagens, escrever recados para si mesma ou desenhar nas margens.

Seus sonhos se tornarão parte integrante de sua jornada, ajudando-a a compreender sua própria mitologia pessoal. É possível vislumbrar padrões míticos em seus sonhos. Por favor, registre-os escrevendo ou gravando áudios, e considere a sabedoria que eles oferecem sobre sua história e os desafios que você estiver enfrentando para apoiar o crescimento de sua alma.

A função básica dos sonhos é expressar o inconsciente. O inconsciente é a fonte de grande parte dos nossos pensamentos, sentimentos e comportamentos e tem sobre nós uma poderosa influência, de maneiras que não suspeitamos. O inconsciente se comunica com a nossa mente consciente através dos sonhos e da imaginação.

As imagens dos sonhos não devem ser interpretadas literalmente, mas vistas como símbolos de partes suas e das dinâmicas de sua vida interior. Robert Johnson escreve: "Os sonhos nos mostram, de forma simbólica, todas as diferentes personalidades que interagem dentro de nós e constituem nosso eu total."[3] Cada personagem no seu sonho é um aspecto seu revelando sua própria consciência, seus desejos e seus pontos de vista.[4]

Os símbolos oníricos têm um significado individual e especial que pertence somente a você, visto que o sonho é, em última análise, apenas seu. Preste atenção nas personalidades, nos símbolos e paisagens que se repetem. Seu inconsciente está tentando chamar a sua atenção. O objetivo de registrar seus sonhos e aprender com eles é aumentar sua consciência. À medida que passar a conhecer os símbolos da sua vida onírica, você encontrará forças e recursos escondidos para ajudá-la em sua jornada. Talvez você deseje dar uma olhada em livros que lhe ofereçam um estudo mais aprofundado dos sonhos: *A chave do reino interior – Inner Work*, de Robert A. Johnson, e *Sabedoria dos sonhos*, de Karen A. Signell, são dois excelentes recursos. Vamos começar.

Perguntas para escrever e refletir

Escreva em seu diário a resposta para as perguntas a seguir. Ao longo do livro, escreva quanto quiser para responder às perguntas e aos exercícios. Se preferir, grave áudios com suas respostas para que você possa ouvir sua própria voz.

* Todas nós somos heroínas. Quem são as heroínas na sua vida e em que aspecto você se considera heroica?
* Ao ver o diagrama da página 17, você consegue se situar em algum ponto da jornada? Você está explorando mais de uma etapa ao mesmo tempo?

Imaginação ativa: linha da vida

Antes de iniciar este exercício e outros de imaginação ativa, pegue seu gravador ou seu material de escrita ou de arte para registrar suas imagens depois que as visualizar. Você pode usar um diário ou caderno de desenho, canetinhas, lápis de cor, giz pastel. Se desejar, também pode colocar para tocar uma seleção de músicas relaxantes, como por exemplo o álbum *Gymnosphere: Song of the Rose*, de Jordan de la Sierra.

Neste exercício, você observará os acontecimentos de sua infância, adolescência e do início da vida adulta e verá como sua relação com seu corpo, sua mente, suas emoções e seu espírito influenciou sua jornada de vida. Observe em particular o que você percebeu e considera pontos fortes, habilidades, realizações e dons inatos.

Tome consciência de como sua posição na família influenciou suas ações e crenças sobre si mesma e como seu relacionamento com cada um de seus pais, irmãos e avós inspirou o que você sentia sobre si mesma. A experiência do divórcio ou da morte de um dos seus pais deixou você numa posição de autoridade ou marcada pela perda? Qual era sua relação com amigos, professores e figuras de autoridade? Alguma doença ou um acidente precoce afetou sua percepção de si mesma? Como o sexo atribuído a você no nascimento, sua cultura e sua formação religiosa influenciaram sua mitologia pessoal?

Sente-se em uma posição confortável e feche os olhos. Comece a inspirar e expirar pelas narinas, mentalizando que, a cada expiração, você se sente mais e mais relaxada. A cada expiração, você vai entrando em níveis cada vez mais profundos de consciência, onde mais imagens e memórias são acessíveis a você. Agora respire fundo... segure o ar... e solte com um leve suspiro. Ótimo. Vamos fazer isso novamente. Agora respire fundo... segure o ar... e relaxe. Bom. Novamente, respire fundo... segure o ar... e relaxe. Muito bem. Agora respire no seu próprio ritmo e imagine que você está voltando no tempo para algum momento da sua infância, talvez a época em que você tinha 5 anos.

Agora, com os olhos ainda fechados, olhe para seus pés de 5 anos. Observe a cor e o estilo dos seus calçados. Repare se você está usando tênis, sandálias, sapatilhas ou se está descalça. Agora, observe seu corpo de 5 anos, pernas, nádegas, pélvis, barriga, colo, seios, costas, ombros, braços e mãos, pescoço, rosto e cabelo. Como era seu cabelo quando criança? Era curto, longo, encaracolado, liso? Qual é a cor do seu cabelo? Você usa tranças ou rabo de cavalo? Torne-se o mais consciente possível de si mesma aos 5 anos de idade.

Agora, tome consciência do ambiente ao seu redor. Você está em casa, na natureza, na cidade ou à beira-mar? Observe cores, formas, cheiros, sabores e sons em seu ambiente. Talvez você esteja com sua família. Quem são as pessoas importantes em sua vida nesse momento? Você tem um irmão ou uma irmã, um animal de estimação, um avô ou uma avó? Quem são as pessoas que a apreciam por quem você é? O que está aprendendo sobre si mesma com a forma como as pessoas reagem a você?

Agora tome consciência de suas habilidades nesse momento da vida. O que você está aprendendo a fazer? Como você está sendo desafiada mental, artística e fisicamente? Sobre o que você sente curiosidade? O que aprecia em si mesma? O que os outros apreciam em você? Como se sente em relação a si mesma por ser menina?

Qual é sua relação com a natureza, com seus sonhos, com sua intuição? Você tem algum relacionamento com algum "espírito" – com um anjo, Deus ou algum amigo imaginário?

Torne-se o mais consciente possível de si mesma aos 5 anos ou em algum momento importante de sua primeira infância. Faça uma pausa de um minuto ou mais. Agora deixe seu eu de 5 anos para trás e delicadamente avance no tempo.

Olhe para baixo agora e observe seus pés de 10 anos. Tome consciência dos calçados que você está usando. Repare na cor e no estilo deles. Tome consciência de seu corpo de 10 anos: pernas, nádegas, pélvis, barriga, colo, seios, costas, ombros, braços e mãos, pescoço, rosto e cabelo. Como você está usando seu cabelo aos 10 anos? Que roupas está vestindo? Que habilidades corporais está aprendendo? Como está se desafiando? O que está aprendendo sobre sua força e resistência? Como você se sente em relação ao seu corpo, à sua sexualidade?

Agora observe seu ambiente. Quais são as cores, as formas, os cheiros, sabores e sons no seu entorno? Quem são as pessoas importantes em sua vida agora? Quem são seus amigos? O que vocês fazem juntos? Qual é a sua relação com seus pais e familiares?

Como você se sente em relação a si mesma nesse momento: confiante, tímida, extrovertida, divertida? O que está aprendendo sobre si mesma pela maneira como os outros a tratam por ser garota?

Como você está desafiando sua mente e o que está aprendendo? Qual é sua relação com o aprendizado, com os professores, com sua criatividade? Sobre o que sente curiosidade? Pelo que você anseia?

Qual é a sua relação com a espiritualidade... com a natureza... com sua comunidade? Você está envolvida com algum estudo religioso ou com seus próprios rituais espirituais? Como isso a acolhe? Torne-se o mais consciente possível de seu eu de 10 anos. Faça uma pausa de um minuto ou mais. Agora deixe seu eu de 10 anos para trás e delicadamente avance no tempo para sua adolescência.

Agora olhe para baixo e veja seus pés de 15 anos. Observe a cor e o estilo de seus calçados ou de seus pés descalços. Tome consciência de seu corpo adolescente: pernas, nádegas, pélvis, barriga, colo, seios, costas, ombros, braços, mãos, pescoço, rosto e cabelo. Observe como você está usando seu cabelo e de que cor ele é. Você está usando maquiagem? Que estilo de roupa está vestindo? Para quem está se vestindo? Repare como se sente em relação ao seu corpo: você já teve sua primeira menstruação? Como se sente a respeito de sua sexualidade emergente? Você tem um namorado ou uma namorada? Você tem uma paixão secreta ou uma quedinha por alguém?

Tome consciência de seu ambiente. Quais são as cores, as formas, os cheiros, sabores e sons em seu entorno? Qual é a música que você ouve? Quem são as pessoas importantes em sua vida agora? Quem são seus amigos? O que vocês fazem juntos? Como vocês passam seu tempo? Qual é a sua relação com seus pais e familiares?

Como você está desafiando sua mente e o que está aprendendo sobre si mesma tanto na escola quanto fora dela? Você tem um emprego? E o que você está aprendendo sobre dinheiro?

Qual é a sua relação com professores, treinadores e outras figuras de autoridade?

Qual é a sua relação com o esporte e a criatividade? Sobre o que sente curiosidade? Pelo que você anseia? Quais são seus objetivos para o futuro?

Como você se sente em relação a si mesma nesse momento? O que as pessoas apreciam em você? O que você aprecia em relação a si mesma?

Qual é a sua relação com a espiritualidade, com a natureza, com sua própria intuição? O que há de importante para você em sua comunidade e no lugar que ocupa nela?

Torne-se o mais consciente possível de si mesma quando era adolescente. Faça uma pausa de um minuto. Agora, deixe seu eu de 15 anos para trás e avance no tempo para os seus 20 e poucos anos.

Olhe para os calçados que você está usando em algum momento de seus 20 e poucos anos. Observe a cor e o estilo deles. Tome consciência de seu corpo com 20 e poucos anos: pernas, nádegas, pélvis, colo, seios, costas, ombros, braços, mãos, pescoço, rosto e cabelo. Como está usando seu cabelo nesse momento? Qual é a cor dele? Que roupa está usando e como suas roupas ou joias refletem seu papel nesse momento da vida? Que impressão você está tentando passar? Você é estudante, esposa, mãe, artista? Você está trabalhando? Viajando? Você é responsável por si mesma financeiramente?

Perceba seu ambiente. Quais são as cores, as formas, os cheiros, gostos e sons em seu entorno? Onde você escolheu morar? Numa metrópole, na zona rural, numa cidade pequena? Quem são as pessoas importantes em sua vida? Você está em um relacionamento amoroso? Como essa relação a nutre como mulher? Quem são seus amigos? Como eles refletem seus valores? Como seu relacionamento com seus pais influencia as escolhas que você faz?

Qual é a sua relação com o seu corpo, com a sua saúde e com a sua sexualidade? Você é sexualmente ativa e se sente à vontade para se expressar como uma mulher sexual? Qual é a sua relação com suas emoções? Você se sente confortável em senti-las e expressá-las? Você se sente à vontade para ouvir os outros?

Como você tem desafiado sua mente e o que está aprendendo? Quais são seus objetivos de carreira e como você está desenvolvendo sua criatividade? Como você se sente por ser mulher nessa época, em termos políticos, espirituais e financeiros? Qual é sua relação com sua comunidade e como você quer fazer parte dela? Qual é a sua relação com a espiritualidade, com a natureza e com a sua intuição? Qual é o papel da espiritualidade em sua vida? Torne-se o mais consciente possível de si mesma nos seus 20 e poucos anos, lembrando o que era importante para você e como as escolhas que fez a moldaram como mulher. Faça uma pausa de um minuto ou mais. Agora vamos deixar o início da idade adulta para trás e passar para os 30 e poucos anos.

Mais uma vez, olhe para baixo e note seus pés de 30 e poucos anos. Que estilo e cor de calçados você está usando? Ou está descalça? Tome consciência de seu corpo de 30 e poucos anos: pernas, nádegas, pélvis, colo e seios, costas, ombros, braços e mãos, pescoço, rosto e cabelo. Como está usando seu cabelo nesse momento? Qual é a cor dele? Que roupa está vestindo e como suas roupas e seus sapatos refletem seu papel neste momento da vida? Qual é o seu foco nesse momento? Você está se dedicando à sua carreira, casada, grávida, criando filhos? Como a maternidade afeta a maneira como você se vê como mulher? Qual é a sua relação com seu corpo e sua saúde? Que alimentos são importantes para você agora? Como você administra seus sentimentos?

Observe seu ambiente. Quais são as cores, as formas, os cheiros, sabores e sons em seu entorno? Onde você escolheu morar? Numa metrópole, na zona rural, numa cidade pequena? E com quem? Quem são as pessoas importantes em sua vida? Quem são seus amigos? O que eles apreciam em você? Você está em um relacionamento amoroso? E como esse relacionamento desafia e nutre você?

Qual é sua carreira? Como você administra seu tempo? Como estabelece limites? Como está se desafiando mental e criativamente? Quais são seus objetivos e como você os alcança? Como você participa de sua comunidade e qual é sua relação com o dinheiro?

Qual é a sua relação com a espiritualidade? Você tem uma relação com o espírito divino dentro de si mesma? Como as atitudes e crenças religiosas da sua criação afetam a sua maneira de se ver como mulher? Qual é a sua relação com a natureza, com seus sonhos e com a sua intuição? Torne-se o mais consciente possível de si mesma com 30 e poucos anos. Deixe que as imagens dessa época inundem você. Faça uma pausa de alguns minutos. Agora, vamos passar aos seus 40 e poucos anos.

Repita o exercício conforme necessário para seus 40, 50, 60, 70, 80 anos (até sua idade atual), prestando muita atenção na sua consciência de sua relação com o corpo, com a saúde, a mente, a criatividade, as emoções e a espiritualidade. Perceba como vem alimentando seus sonhos, seus pontos fortes e suas habilidades.

Agora, traga a sua atenção para si mesma em sua idade atual. Ainda com os olhos fechados, olhe para seus pés. Que calçados você está usando hoje? Tome consciência de seu corpo: pernas, nádegas, pélvis, colo, seios, costas, ombros, braços, mãos, pescoço, rosto e cabelo. Como você está usando seu cabelo neste momento? Qual é a cor dele? Que roupas está vestindo e como elas refletem a maneira como você se vê como mulher neste momento? Como cuida da sua saúde, da sua força e resistência? Como se sente em relação à sua sexualidade?

Tome consciência do ambiente em que você escolheu morar e trabalhar. Observe as cores, as formas, os cheiros, sabores e sons em seu entorno. Qual é a música que você ouve agora? O que você come? Como você é nutrida pelo seu ambiente?

Qual é o foco de sua vida no momento presente: relacionamento, filhos, pais idosos, carreira, objetivos artísticos ou acadêmicos, prática espiritual? Quem são as pessoas importantes em sua vida? O que elas apreciam em você? O que você aprecia em si mesma? O que está aprendendo sobre suas emoções e sua mente? Você se sente à vontade para expressar toda a sua gama de emoções?

Como você está se desafiando e sendo desafiada em seu trabalho? Você se sente competente e autoconfiante? Como está nutrindo sua criatividade? Qual é seu lugar em sua comunidade? Qual é a sua relação com a espiritualidade, com a natureza, com sua intuição, com a sua individualidade enquanto mulher? Quais são seus objetivos para o futuro?

Tome consciência de si mesma no momento presente. (Faça uma pausa de vários minutos.) À medida que você for voltando lentamente à plena consciência desperta, reveja as etapas de sua vida, permitindo que as imagens e lembranças importantes venham à tona mais uma vez. Em um momento, mas ainda não agora, conte silenciosamente até dez. Abra seus olhos quando chegar ao dez, sentindo-se relaxada e alerta.

Desenhe, registre ou anote todas as imagens que vieram à tona durante esse exercício, quer você as ache importantes ou não. Algumas das imagens e sensações que surgiram podem ser alegres; outras podem ser surpreendentes ou dolorosas. Dê a si mesma permissão para colher todas as lembranças em detalhes, pois você as achará úteis para trabalhar em outros exercícios ao longo do livro.

Perguntas para reflexão

* Quais foram os pontos de virada ou as experiências limiares em sua vida? Por exemplo, uma mudança de endereço, o divórcio dos pais, morte dos avós, doença infantil, incesto ou acidente, ser aceita ou rejeitada por um certo grupo na escola, aprender a tocar um instrumento, ser proibida de jogar futebol por ser menina, sua primeira experiência sexual, uma gravidez na adolescência, casamento ou parto.
* Como você respondeu a esses pontos de virada?
* De que forma você transformou experiências estressantes em experiências positivas de crescimento? Concentre-se em sua força, criatividade e resistência como resultado de qualquer ferida.
* O que você aprendeu sobre si mesma e sobre as pessoas próximas a você?

* Existe algum padrão que você tenha repetido em diferentes etapas da vida (vítima das circunstâncias, mártir, conciliadora, sedutora, melodramática, etc.)? Esses padrões são satisfatórios ou frustrantes?

Exercício de escrita

Escolha uma experiência limiar ou ponto de virada em sua vida e escreva sobre isso com o máximo de detalhes possível. Qual foi o caminho não percorrido?

Sonhos: começando

Ao trabalhar com seus sonhos, é útil ter uma lanterna e um diário, assim como uma caneta ou um gravador ao lado da cama. Todo mundo sonha todas as noites, mas muitas pessoas pensam que não, porque não se lembram de seus sonhos. Lembrar-se de um sonho é uma prática consciente, assim como escovar os dentes. Anotá-lo ou gravá-lo facilita o processo.

A melhor hora para capturar uma imagem de sonho é pela manhã, assim que você acordar. Continue deitada absolutamente imóvel e permita que as imagens da noite anterior venham até a superfície de sua consciência. Não se mova. Eu tento reproduzir as imagens dos sonhos mais ou menos como num filme, antes de me virar. Depois que me mexo ou pego meu diário, geralmente esqueço o sonho. Uma vez que eu já esteja com a imagem ou narrativa do sonho fresca na mente, eu a anoto. Ao escrever, muitas vezes me lembro de detalhes dos quais não me lembrava no início. Tento prestar atenção nas sensações corporais evocadas pelo sonho ou nas lembranças que vêm à tona.

Quão diferente poderia ter sido sua vida se houvesse um lugar para você... um lugar de mulheres, onde você fosse recebida e afirmada? Um lugar onde outras mulheres, talvez um pouco mais velhas, tivessem sido afirmadas antes de você, cada uma em sua época, à medida que lutavam para se tornar mais verdadeiramente elas mesmas...

– Judith Duerk

Um sonho pode ser abordado de duas maneiras: o que ele reflete sobre sua vida cotidiana e o que ele diz sobre sua vida interior. Às vezes, você terá uma noção do significado do sonho no momento em que anotá-lo; outras vezes, você terá que trabalhar com as associações que imagens oníricas específicas provocam antes de entender o significado do sonho. Falaremos sobre as associações de sonhos mais adiante, no Capítulo 2.

Todas as noites, ao adormecer, tente se preparar para se lembrar dos seus sonhos, mentalizando que se recordará facilmente deles. Registre todas as imagens de que se lembrar, não importa quão insignificantes pareçam; essa é uma boa maneira de começar o processo. Até mesmo um sonho curto, aparentemente irrelevante, está tentando lhe dizer algo que você precisa saber. Às vezes, os "pequenos" sonhos apresentam as mensagens mais profundas.

REGISTRE TODOS OS SEUS SONHOS ENQUANTO ESTIVER EXPLORANDO ESTE CAPÍTULO.

1
Separação do feminino e identificação com o masculino

> *Há muitos finais e muitos inícios, e há sempre, entre final e início, o mais breve dos momentos, e é nesses momentos que a mudança, a profunda mudança volátil, se torna possível. Encontrar esse momento, agarrá-lo, acolhê-lo, mudar dentro dele, esse é o impulso da evolução. Esse é o momento do caos, de uma ordem superior, a desordem dos deuses, mas ordem, ainda assim.*
> – RHODA LERMAN, *The Book of the Night*

Em uma sociedade patriarcal, uma mulher se separa de sua natureza feminina num esforço por ser aceita. O feminino, como é representado pela mãe, é menosprezado, estereotipado e se torna um bode expiatório a ponto de a imagem arquetípica da Mãe perder a própria alma, pois a figura materna passa a ser culpada pelos déficits psicológicos de todo mundo. Quanto mais a mãe representar o *status quo*, o contexto restritivo dos papéis sexuais e o arraigado senso de inferioridade feminina dentro de uma sociedade patriarcal, mais a mulher buscará se separar dela. E conforme avança nas etapas de seu desenvolvimento e começa a compreender as raízes da desvalorização do feminino nessa cultura, a mulher perceberá que sua mãe não é a causa de seus sentimentos de inadequação. Ela é apenas um alvo conveniente a ser culpabilizado pela confusão e pela baixa autoestima experimentada por muitas mulheres em uma cultura que glorifica o masculino.

A jornada da heroína começa com a luta da filha para se separar do feminino, que é identificado, tanto física quanto psicologicamente, com sua própria genitora e com o arquétipo da Mãe, que tem um peso ainda maior. Um arquétipo é um padrão inato de imagens, ideias e impulsos instintivos que funciona como um ímã escondido; não podemos realmente ver tais padrões subjacentes, mas "somos impulsionados por sua energia".[1] Essas imagens arquetípicas que vêm do inconsciente coletivo são o conteúdo básico de religiões, mitologias, lendas e contos de fadas.[2] O arquétipo da Mãe tem um poder extraordinário e uma enorme influência sobre a vida psíquica de uma criança.[3] A mulher que é mãe herda automaticamente as qualidades e funções atribuídas à figura materna há centenas de milhares de anos; ela carrega o "padrão" da Mãe. Não é essencial que uma mãe incorpore todos os atributos desse arquétipo; de fato, nenhuma o faz. No entanto, a influência arquetípica é tão forte que, quando uma jovem filha olha para sua mãe, ela não enxerga uma pessoa mortal definida por idade, personalidade, habilidades limitadas ou condições sociais, mas uma figura poderosa que personifica a Boa Mãe ou carrega a sombra da Mãe Devoradora, tão popular nos contos de fadas.

> *A maneira mais consciente de honrar o pai e a mãe é "deixá-los": aceitar e compreender, com gratidão, o que foi transmitido por eles e levar esses motivos ao seu próximo nível de expressão.*
>
> – LINDA SUSSMAN

Com frequência, uma filha se separa de sua natureza feminina quando vê sua mãe carregando o polo negativo do arquétipo, isto é, como alguém emocionalmente controladora, pouco acolhedora, indisponível ou distante; zangada, que tem ódio a si mesma, ilógica; vulnerável, passiva, manipuladora ou impotente. Até muito recentemente, muitas mães eram percebidas dessa forma porque as mulheres tinham pouquíssima escolha quanto à procriação e à criação de filhos, assim como lhes era negada a ascensão a posições de autoridade. Elas tinham pouco poder sobre si mesmas e se sentiam desvalorizadas pelo importante trabalho que assumiam na criação dos filhos. As meninas que queriam desenvolver uma autoimagem separada da família e competir na sociedade não tinham outra escolha senão rejeitar o caminho da mãe e abraçar o caminho do pai. Infelizmente, num esforço para alcançar isso, uma menina também pode rejeitar muitas de suas próprias qualidades femininas positivas referentes ao acolhimento, à construção de relacionamentos e à expressividade emocional para "ser alguém na vida".

A separação da própria mãe é um processo particularmente intenso para uma filha, pois ela tem que se separar daquela que é mais parecida consigo. Ela experimenta um medo da perda caracterizado pela ansiedade de estar sozinha, de estar separada e ser diferente daquela que, na maioria dos casos, foi seu principal relacionamento. É mais complexo para uma filha se separar de sua mãe do que para um filho, porque uma filha precisa se diferenciar daquela com quem deveria se identificar, enquanto o filho é ensinado a repudiar dentro de si as qualidades e os comportamentos maternos num esforço para se tornar masculino.[4]

Muitas filhas experimentam um conflito entre querer uma vida mais livre do que a de sua mãe e desejar o amor e a aprovação dela. Elas anseiam ir além de sua mãe, mas temem arriscar a perda de seu amor. A separação geográfica pode ser a única maneira de uma filha resolver a tensão entre a necessidade de crescer e seu desejo de agradar a mãe.

Paralelamente à separação da mãe, ocorre uma profunda separação do feminino em nível cultural, devido às imagens distorcidas do corpo feminino apresentadas pela mídia e às mensagens internalizadas que promovem a proeminência e o domínio masculinos em todos os escalões da sociedade. Se você perguntar a uma adolescente quem detém mais poder em sua turma, na escola, na diretoria dessa escola e na cultura em geral, ela responderá: os homens. Embora a mulher contemporânea tenha mais poder na sociedade do que a própria mãe, ela ainda está longe de estar em pé de igualdade com os homens. E, assim, a jovem mulher se propõe a aprender as estratégias de competição e conquista que lhe permitam estar à altura dos padrões masculinos de desempenho. Ela começa a desacreditar os próprios sentimentos, a neutralizar a própria intuição e a ignorar sua sabedoria corporal e seus sonhos. E isso acontece muito antes de ela se tornar uma mulher.

Em *O resgate de Ofélia*, a psicóloga Mary Pipher escreve: "As meninas amadurecem em uma cultura misógina, na qual os homens têm mais poder político e econômico."[5] A maioria dos livros de história versa sobre as façanhas dos homens. Na adolescência, "espera-se que as meninas sacrifiquem no altar da aceitabilidade social as partes de si mesmas que nossa cultura considera masculinas e que encolham sua alma até ficar bem pequenininha".[6] As "regras" para as mulheres permanecem as mesmas desde a década de 1950: "Ser atraente, elegante, altruísta e prestativa, fazer os relacionamentos funcionarem e ser competente sem reclamar."[7]

Todas nós conhecemos meninas que são cheias de vitalidade aos 8, 9 e 10 anos, meninas levadas que adoram subir em árvores, expressar as próprias opiniões, explorar o mundo natural e compartilhar seu otimismo. Essas mesmas meninas se tornam meras sombras de si mesmas quando entram na adolescência. Elas negam seus verdadeiros dons e sua verdadeira natureza ao adotarem falsos eus para agradar a cultura adulta. A parte de si que elas consideram inaceitável se esconde no mundo inferior e enfim se atrofia por falta de atenção ou é projetada em outra pessoa.

Pipher escreve: "As meninas se tornam 'imitadoras de mulheres', que encaixam todo o seu eu em espaços pequenos e lotados. Garotas vibrantes e confiantes se tornam jovens tímidas, que duvidam de si mesmas. As meninas param de pensar: 'Quem sou eu? / O que quero?'. E começam a pensar: 'O que devo fazer para agradar aos outros?'"[8] A jovem mulher aprende a agradar, a representar e a acalmar. Ela também aprende a desvalorizar seu corpo feminino. Toda vez que liga a televisão, ela vê mulheres sexualizadas e objetificadas, seus corpos comercializados para vender carros e pasta de dentes. O desprezo pelo corpo feminino é tal que é difícil para a jovem se sentir confortável e orgulhosa de seu próprio corpo. Como resultado, ela tenta se encaixar nas imagens culturais da mulher ideal e começa a perder a confiança em si mesma.

Nas aulas, os meninos têm o dobro de probabilidade de ser vistos como exemplos, uma probabilidade cinco vezes maior de receber a atenção dos professores e doze vezes maior de falar durante as aulas.
– MARY PIPHER

Se uma menina se sente alienada de quem ela é quando jovem, faz sentido que ela busque o reconhecimento da cultura dominada pelo masculino. Os indivíduos em uma cultura patriarcal são encorajados a estabelecer o controle sobre si mesmos e sobre os outros num desejo desumano por perfeição. As mulheres buscam poder e autoridade, seja tornando-se igual aos homens, seja tornando-se apreciada por eles. Isso não é tão negativo a princípio, pois buscar a validação masculina é uma transição saudável da fusão com a mãe para uma maior independência na sociedade. A jovem mulher que se identifica com as supostas qualidades paternas positivas – como disciplina, determinação, liderança, proteção, poder e autovalorização – consegue alcançar sucesso no mundo. Entretanto, isso pode ser bastante prejudicial se a mulher acreditar que ela não existe, a não ser no espelho da atenção e da definição masculina.

 A aprovação e o incentivo do pai ou de outras figuras paternas geralmente levam ao desenvolvimento positivo do ego da mulher, mas a falta de envolvimento genuíno ou o envolvimento negativo por parte do pai, padrasto, irmão, tio ou avô ferem profundamente o senso de identidade da mulher. Isso pode levar a uma supercompensação e ao perfeccionismo ou praticamente paralisar seu desenvolvimento. Muitas mulheres tentam se identificar com o poder e a visibilidade de seu pai, mas não lhe foram ensinadas as habilidades para alcançar seus próprios objetivos. Quando o pai é ausente ou indiferente à sua filha, ele indica desinteresse, decepção e desaprovação, o que pode ser tão prejudicial quanto julgamentos negativos explícitos ou superproteção.

As filhas do pai

A "filha do pai" é uma mulher que, em geral, quando criança, teve uma relação positiva (ou altamente conflituosa) com seu pai e que mantém uma conexão muito próxima com ele na idade adulta. Ela idealiza seu pai e, portanto, se identifica com ele e principalmente com os homens e os valores masculinos, vendo muitas vezes as mulheres, os valores e as opiniões femininas como secundários. O principal aspecto de uma "filha do pai" é rejeitar ou ser rejeitada pela mãe, que se torna o elo mais fraco do triângulo. Nenhuma outra história retrata esse triângulo primordial de modo mais vívido que o antigo mito da deusa Atena, padroeira de Atenas e da civilização grega. Atena é o arquétipo da filha do pai, na medida em que se aliou ao pai na rejeição à sua mãe.

O mito começa com o nascimento de Atena, e ela nasce já crescida da cabeça de seu *pai*, vestindo uma armadura de ouro cintilante, segurando uma lança afiada numa das mãos e emitindo um poderoso grito de guerra. Seu pai, Zeus, na verdade *roubou* Atena de sua mãe, Métis, enquanto ela estava grávida. Como Zeus temia que Métis tivesse um filho igual a ele em coragem e sabedoria, ele frustrou o destino ao enganar sua consorte para que ela se encolhesse e ele pudesse engoli-la. Com esse ato, ele tirou-lhe a capacidade de dar à luz e roubou-lhe a filha, tomando-a para si. Após esse nascimento dramático, Atena associou-se apenas a Zeus, reconhecendo-o como seu único genitor. Embora de forma menos mítica, é isso que acontece também com a filha do pai: a mãe é metaforicamente engolida pelo pai enquanto ele rouba a filha para si mesmo.[9]

> *As meninas são expostas a quase três vezes mais histórias centradas em meninos do que histórias centradas em meninas. Como, no caso dos meninos, o fracasso é atribuído a fatores externos e o sucesso é atribuído a habilidades, eles mantêm sua confiança, mesmo diante da derrota. No caso das meninas, acontece exatamente o oposto. Como seu sucesso é atribuído à boa sorte ou ao trabalho duro e o fracasso é atribuído à falta de habilidade, a cada derrota a confiança de uma garota vai sendo corroída.*
>
> – MARY PIPHER

Se a jovem heroína rejeitou sua mãe ou foi rejeitada por ela, ela considera seu pai heroico; ele tem a liberdade e o privilégio de ir e vir como lhe aprouver. Ele tem poder e status. Ela quer ser como seu pai, ser amada por ele e, às vezes, até mesmo ser ele. Ela se esforça não apenas para conhecer os pensamentos e sentimentos mais íntimos de seu pai, mas também para experimentar o tipo de poder e visibilidade que ele tem no mundo.[10]

Na adolescência, a relação da menina com seu pai pode se tornar excessivamente intelectualizada; eles dialogam, debatem e trocam ideias, elevando assim sua mente e minando sua sexualidade em ascensão. Numa das entrevistas que realizei para meu livro *Fathers' Daughters* (Filhas do pai, em tradução livre), a entrevistada se referiu a esse fenômeno como o "cérebro erótico". Ela disse que a mensagem que recebeu de seu pai foi a de que era imperativo ter uma mente refinada e usá-la para alcançar o sucesso no mundo. Toda a arena do amor e da sexualidade nunca fora discutida. Como resultado, ela neutralizou a própria sexualidade e se tornou uma profissional muito bem-sucedida no mercado editorial. No entanto, ainda solteira com pouco mais de 40 anos, ela ansiava por um relacionamento amoroso.

A partir de uma identificação como essa com o masculino, a jovem mulher torna realidade a imagem projetada que seu pai tem dela e demora muito tempo para descobrir sua identidade separada da dele. Muitas mulheres nessa situação também têm dificuldade para conciliar conquistas pessoais e relacionamentos – que elas consideram incompatíveis. Assim, elas apresentam dificuldade em manter relações íntimas.

A jovem heroína começa a ver como adultos os homens e o mundo masculino, identificando-se com a voz masculina interior que lhe diz que seu valor é determinado por suas realizações, sua produtividade e seu sucesso. Ela tem grandes expectativas em relação a si mesma e aos outros, pouca empatia em relação a limites e não se deixa adoecer. Ela procura emular seu pai a todo custo. Adorando-o, ela internaliza os valores e princípios dele como uma voz interior que a impele, exigindo que ela seja produtiva.

Meu papel como feminista não é competir com os homens no mundo deles – isso é fácil demais e, em última análise, improdutivo. Minha tarefa é viver plenamente como mulher, desfrutando de todo o meu ser e do meu lugar no universo.

– Madeleine L'Engle

Como consequência, a filha do pai é ambiciosa e responsável em sua carreira; ela tem o foco e a determinação para alcançar seus objetivos e, muitas vezes, aceita assumir mais responsabilidades do que é capaz de administrar confortavelmente. Ela exige perfeição de si mesma e tem pouca tolerância com sua própria vulnerabilidade. Em um esforço para não ser como uma mulher, ela se torna um homem, pensa como um homem e trabalha mais do que um homem. É considerada um sucesso pelos padrões da cultura patriarcal, orientada a objetivos e baseada no poder. No mundo corporativo, ela pode emular um estilo de trabalho masculino ou tornar-se solícita demais, fazer o papel de mãe, ou se transformar na confidente de um homem no poder. Mesmo que ela não entre no mercado de trabalho, sua voz interior é masculina e perfeccionista, e ela projeta suas ambições e necessidades de realização em seus filhos, cansados das atividades extracurriculares para enriquecimento pessoal e dos treinos esportivos programados todos os dias depois da escola.

Perguntas para escrever e refletir: você e sua mãe

Se sua mãe foi ausente, talvez você queira responder a estas perguntas pensando em alguma parenta ou amiga da família que tenha servido como figura materna.

* Como você se sentia em relação a si mesma por ser uma criança do sexo feminino?
* Qual era a sua relação com sua mãe?
* Como sua mãe se sentia por ser mulher?
* O que ela ensinou a você sobre ser mulher?
* Você admirava a sua mãe? Como ela inspirou você?
* Quais são os valores dela que você personifica?
* O que sua mãe lhe ensinou sobre seu corpo?
* Como ela reagiu à sua primeira menstruação?
* O que ela lhe ensinou sobre a sua sexualidade?
* O que você está ensinando (ou ensinou) à sua filha sobre o corpo e a sexualidade dela?
* Como você foi condicionada a ser uma boa garota?
* Que traços de sua personalidade você podia expressar quando era menina?
* E quais não podia expressar?
* Quais eram suas atividades, suas ambições e seus sonhos quando você tinha 9 anos?
* Quando você se deparou pela primeira vez com as limitações de ser uma menina (física, criativa, intelectualmente)? Você foi encorajada a superar essas limitações?
* Você tem a lembrança de querer rejeitar o fato de ser mulher (em

relação ao seu corpo, às suas emoções, aos seus sonhos e objetivos)? Quando isso aconteceu?
* Que decisões você tomou a respeito de si mesma quando era garota?
* Quem são as mulheres em sua linhagem feminina (membros da família), e que lembranças você tem delas?
* Como você foi influenciada por personagens femininas na mídia ou na literatura?
* Como você foi influenciada por atletas, artistas, políticas e figuras públicas femininas?
* Você tinha mentoras ou exemplos femininos (avó, tia, amiga, professora) que a inspiraram em sua maneira de levar a vida?
* Que imagens do feminino você carrega em seus sonhos?
* Quais eram os mitos culturais sobre ser mulher na época em que você foi criada?

Exercício de escrita

* Descreva em detalhes uma experiência que você teve quando era menina ou adolescente e que ilustra seu conforto ou desconforto por ser mulher. Já houve algum momento em que você não quis ser mulher? Por quê? (Por exemplo, talvez seu irmão tivesse mais liberdade e privilégios e você quisesse ser como ele.)
* Escreva ou grave um relato sobre seu relacionamento com sua mãe. Como ela a incentivou? Como ela a deteve? Que aspecto de sua mãe você ainda carrega?

Perguntas para escrever e refletir: você e seu pai

Se seu pai foi ausente, talvez você queira responder a estas perguntas pensando em algum parente ou amigo da família que tenha servido como figura paterna.

* Como era a sua relação com seu pai?

* Qual é sua memória mais antiga de seu pai?
* Como ele passava tempo com você?
* Que jogos ele jogava com você?
* Como ele chamava você?
* Em que aspectos você se identificava com ele?
* O que ele valorizava?
* Como você tentava agradá-lo?
* O que ele esperava de você?
* Ele a tratava como a um filho?
* Ele a ouvia falar sobre os seus sentimentos?
* Ele ouvia e respeitava as suas opiniões? Quais delas?
* Que orientações ele lhe deu?
* Você era a confidente dele?
* Como ele tratou o despertar de sua sexualidade?
* Que mensagem ele lhe transmitiu sobre ser mulher?
* Qual é a imagem mais forte que você tem dele?
* Qual era o ponto fraco dele?
* Como ele demonstrava amor?
* Em que momento ele mais se doou a você?
* O que a voz de seu pai diz dentro de sua cabeça?
* Quais são as imagens masculinas em seus sonhos?

Muitas de nós desconhecemos nossa devoção pelos valores e padrões que nosso "pai" representa. Aceitamos inconscientemente nosso papel de filhas e, inconscientemente, agimos como meninas em relação aos homens.
– MARION WOODMAN, "The Emergence of the Feminine", em *Betwixt and Between*

Exercício de escrita

Uma das formas de uma garota se separar de sua natureza feminina é negar, evitar ou reprimir seus sentimentos. Como você decidiu lidar com suas emoções diante da reação de seu pai a seus sentimentos?

Quando meu pai ficava descontraído, eu me sentia _____
- feliz _____
- orgulhoso _____
- atento _____
- zangado _____
- triste _____
- frustrado _____
- decepcionado _____
- distante _____
- pouco acolhedor _____
- confuso _____

Quando eu me sentia zangada, meu pai ficava _____
- triste _____
- frustrada _____
- decepcionada _____
- distante _____
- confusa _____
- feliz _____
- amorosa _____

Escreva ou grave um relato que ilustre seu relacionamento com seu pai, incluindo as mensagens que ele lhe transmitiu sobre ser mulher.

Personalidades oníricas

Os sonhos mostram, de forma simbólica, todas as diferentes personalidades que interagem dentro de você e compõem seu eu pleno. Toda pessoa no seu sonho é um aspecto de você. Mesmo quando um sonho parece ser sobre outra pessoa, ele em geral está dizendo algo que você não sabe ou não reconhece sobre si mesma.

Por exemplo, se você sonha com sua mãe ou seu pai, é mais provável que o sonho utilize a imagem de seu pai para representar uma qualidade em você, um conflito dentro de você ou algo que evolui em você e que tem pouco a ver com seu pai físico. Às vezes interpretamos a imagem do sonho de modo literal, particularmente se estivermos em conflito com a pessoa com quem sonhamos. Lembre-se de que você tem uma mãe ou um pai interior que é parte de você e que você precisa levar a sério. É preciso que você pare de culpar seu pai ou sua mãe reais por quaisquer conflitos que tenha com seu pai ou sua mãe interior, porque esses conflitos estão dentro de você mesma. Tente entender que aspecto da sua personalidade representa seu pai ou sua mãe e o que ele ou ela está tentando comunicar.[11]

REGISTRE TODOS OS SEUS SONHOS ENQUANTO ESTIVER
EXPLORANDO ESTE CAPÍTULO.

2
O caminho de provas

O ato transformador para uma mulher pode ser, então, buscar seu próprio bem e o próprio progresso e enfrentar o seu terror de estar sozinha. O ato transformador para um homem é, muitas vezes, deixar de lado seu terror de ser engolido pela conexão feminina e arriscar uma intimidade genuína.
– Carol S. Pearson, *O despertar do herói interior*

A heroína cruza o limiar, deixa a casa dos pais e vai em busca de si mesma. Em todas as missões heroicas há um chamado: quando uma mulher supera sua velha realidade, algo entra em cena para convidá-la a ir além da segurança de seu eu conhecido. É um chamado ao crescimento, que pode trazer um sofrimento profundo. A mulher é desafiada a se recriar e a assumir o desafio, por mais assustada que esteja. O medo e os sentimentos de inadequação que surgem quando se responde a um chamado desse tipo constituem a razão pela qual muitas de nós passamos anos ignorando com sucesso o desejo de crescimento.

Depois de cruzar o limiar, a heroína reúne aliados, confronta adversários e inicia seu caminho de provas. No início da vida adulta, esse caminho a conduzirá a tarefas de desenvolvimento pessoal típicas da idade. Alcançar objetivos como títulos acadêmicos e de prestígio, promoções na carreira, aclamação artística, relacionamentos amorosos e estabilidade financeira faz parte da busca pela identidade de uma mulher. A realização desses objetivos no mundo exterior e o consequente crescimento pessoal consistem na conquista da dádiva do sucesso. À medida que lida com esses testes exteriores, a heroína também encontrará as forças de sua própria dúvida em relação a si mesma, do ódio por si, da indecisão, da paralisia e do medo. O mundo exterior pode lhe dizer que ela é capaz de conquistar o que quiser, porém ela luta contra demônios e adversários que lhe dizem o contrário.

O primeiro adversário lhe garantirá que está tudo bem em "não se arriscar": "Afinal, por que você quer se aventurar? É tão confortável aqui." Essa voz adversária interior vai lhe implorar para que se apegue ao passado: antigos padrões de comportamento, antigos relacionamentos, antigo estilo de vida. A heroína deve avançar mesmo quando quiser recuar. Ela deve acreditar em si mesma e na integridade de sua busca mesmo quando não sentir nada além de dúvidas. Seus aliados serão a esperança e a perseverança mesmo quando experimentar apenas o vazio e a dor. Sua resistência e seu medo precisarão ser superados por um ato feroz de vontade indomável.[1]

Se eu não tivesse começado a pintar, teria criado galinhas.

– Vovó Moses

O segundo adversário é o mito da dependência. As mulheres são encorajadas a ser dependentes, a abrir mão das próprias necessidades pelo amor de alguém e a cuidar das necessidades de dependência dos outros. No entanto, ao mesmo tempo, devido ao pacto arquetípico feito entre pais e filhas, a maioria das mulheres acredita inconscientemente que outra pessoa as sustentará. Mesmo que elas cresçam acreditando ser iguais aos homens em inteligência e talento, há uma crença arraigada de que outra pessoa acabará cuidando delas. Muitas mulheres na verdade são treinadas para parecer menos inteligentes, menos competentes e menos bem-sucedidas do que são e para interromper a própria carreira quando exigências de parceiros ou filhos interferirem. Elas também podem ser ensinadas que sua carreira e seu sucesso financeiro minarão a autoestima de seu cônjuge como provedor da família.

Outro adversário que a heroína encontrará em sua jornada é o mito da inferioridade feminina ou do pensamento deficitário. Vivemos em uma sociedade androcêntrica, que vê o mundo de um ponto de vista masculino. Em muitas famílias, culturas e religiões, as crianças do sexo feminino são consideradas inferiores aos homens; nascer em um corpo feminino é algo de segunda classe. Nesses casos, as meninas já falharam de saída e estão sempre correndo atrás do prejuízo para estar à altura da todo-poderosa criança do sexo masculino. Esse preconceito permeia também a linguagem e as opiniões. A linguagem materna, da experiência, recebe menos validação que a linguagem paterna, mais analítica. E quer estejamos conscientes disso ou não, toda uma ladainha de pensamento deficitário também permeia a nossa voz interior.

Todos nós temos uma voz interior que atua como um crítico. Nas mulheres, essa voz é particularmente forte. Você deve ter notado que as mulheres tendem a ser críticas de *si mesmas*, enquanto, em geral, os homens tendem a julgar *os outros*. A maioria das mulheres tem uma crítica interior conhecida como o patriarca interior, que valoriza as ideias e opiniões tradicionalmente masculinas e desvaloriza qualquer coisa tradicionalmente feminina. Esse patriarca interior reflete as crenças da sociedade exterior sobre a inferioridade das mulheres, carregando o peso de pelo menos 5 mil anos de pensamento patriarcal. Essa é uma das razões pelas quais as mulheres têm uma crítica interior muito mais forte do que os homens e precisam lutar mais para se separar dessas crenças.[2] Elas lutam não apenas com a voz da cultura que desvaloriza as mulheres, mas também – e mais importante – com seu próprio mantra interior que enfatiza seus defeitos.

> *Dentro da maioria das mulheres há um patriarca interior que acredita que ela é, de fato, inferior e que precisa de vigilância constante para manter seu comportamento adequado! Ele sente um profundo desdém por sua feminilidade, o que pode literalmente deixá-la com vergonha de ser mulher.*
>
> – Hal Stone e Sidra Stone

A melhor coisa que você pode fazer com sua crítica interior é identificar o som de sua voz, dar-lhe um nome e mandá-la tirar férias. Sempre sugiro aos meus alunos de redação que deixem essa voz do lado de fora na hora de se sentar para escrever ou ler seu trabalho. A crítica interior desencorajou mais projetos criativos do que todos os nossos opositores juntos! Se você tem uma crítica interior particularmente tenaz, que se recusa a ser silenciada, perceba se ela poderia fazer algo positivo e delegue essa tarefa a ela. Por exemplo, se sua crítica interior vive lhe dando bronca por procrastinar demais, peça a ela que a auxilie a marcar um horário para iniciar um determinado projeto. A crítica interior perturbará menos sua paz se tiver um trabalho a fazer.

A heroína também deve enfrentar o mito do amor romântico, que diz que uma mulher deve procurar um par, homem ou mulher, que vai resolver seus problemas e preencher o vazio de seus anseios. Essa figura irá resgatá-la. As mulheres são treinadas para viver num estado de expectativa e há muito tempo têm vivido desejando um desfecho que virá do outro – "Se ele ou ela reparar em mim...", "Se eu me casar com essa pessoa...", "Se eu conseguir esse emprego...", "Quando nos mudarmos...", e assim por diante. Inconscientemente, a mulher espera que, uma vez que algo esteja resolvido no mundo exterior, ela fique satisfeita. Isso estabelece um estado de passividade, pois ela espera que algo ou alguém venha realizar seu destino. Uma transformação não ocorre como resultado de um resgate exterior, mas de um enorme crescimento e desenvolvimento dentro da psique da mulher durante um longo período de tempo. Uma mulher deve abandonar a esperança de resgate e desfecho para que suas próprias aventuras possam começar.[3] Somente então ela crescerá, deixando para trás a psicologia da "filha".

> *Uma tarefa primordial para muitas mulheres é descobrir como atrair o envolvimento dos homens para que haja mais intimidade da parte deles e como fazer menos sacrifícios para que não esgotemos nossa boa vontade.*
>
> – Karen Signell

As mulheres também devem enfrentar o mito de nunca ser suficiente: não importa quantos objetivos concretos uma mulher tenha alcançado, ela nunca sente que fez o suficiente. Na busca pelo sucesso em uma sociedade aquisitiva, a realização se torna um vício. O foco está no desempenho, no esforço e em superar limites. As mulheres, em geral, têm dificuldade em experimentar um sentimento de conquista e em manter a satisfação. Estamos sempre buscando mais validação e sucumbimos às expectativas e exigências dos outros. O maior desafio para a maioria das mulheres é alcançar o equilíbrio entre os relacionamentos, o trabalho e o tempo que passam sozinhas. *As mulheres têm de estar dispostas a encontrar a coragem para estabelecer limites e dizer não.* Também precisamos estar dispostas a aceitar que temos limitações e que há muitas coisas fora do nosso controle.

Fiquei surpresa ao me ver como uma mulher recém-separada lutando contra o mito de nunca ser suficiente quando meu marido e eu nos divorciamos após onze anos de casamento. Embora eu me considerasse bem-sucedida em minha carreira e como mãe, eu me sentia um fracasso. Somos uma sociedade tão voltada aos casais que, por qualquer razão, uma pessoa se sente amputada quando está solteira. Algumas mulheres que optam por não ter filhos sofrem com esse mesmo mito porque não cumprem a expectativa biológica inerente ao fato de serem mulheres.

Psiquê e Eros

Muitos mitos e contos de fadas ilustram como a psique se desenvolve e sobrevive. Alguns contos de fadas descrevem o desenvolvimento "saudável" de uma psique individual. A história de Psiquê e Eros ilustra algumas das provas pelas quais a mulher passa à medida que se separa do coletivo mas ainda mantém uma relação com o divino.

Psiquê é a mais nova de três filhas e é tão bela que as pessoas começam a compará-la à deusa da feminilidade, Afrodite. Psiquê é causa de angústia para seus pais porque, embora suas duas irmãs mais velhas já estejam casadas e felizes, ninguém pede sua mão em casamento. Seu pai, um rei, vai a um oráculo dominado por Afrodite, que, por inveja de Psiquê, declara que ela deve ser levada ao topo de uma montanha, acorrentada ali e deixada para se casar com uma criatura horrível.

Afrodite instrui seu filho, Eros, o deus do amor, a despertar em Psiquê o amor pela horrível criatura que virá buscá-la à meia-noite. Entretanto, quando vê Psiquê, Eros acidentalmente espeta o próprio dedo em uma de suas flechas e se apaixona por ela. Eros decide então tomar Psiquê como sua noiva e a leva da montanha até o Vale do Paraíso. Psiquê desperta e descobre que está casada com esse magnífico deus-marido, que está com ela todas as noites e impõe apenas uma restrição. Ele exige que ela prometa que não olhará para ele e não lhe perguntará sobre seus negócios. Ela pode ter tudo o que desejar, mas não deve questionar nada. Psiquê concorda e vive feliz por um tempo, sem questionar nada, até que suas duas irmãs tentam visitá-la.

A princípio, Eros adverte Psiquê que suas irmãs enxeridas trarão o desastre, mas ele acaba cedendo, e as irmãs a visitam. As irmãs querem saber tudo sobre o marido de Psiquê e ela inventa várias histórias. Entretanto, por fim as irmãs percebem que ela não conhece o marido e sugerem que Eros na verdade é uma criatura repugnante que vai comer seu próprio filho quando o bebê nascer. Elas aconselham Psiquê a pegar uma lamparina e uma faca e matar seu marido enquanto ele dorme. Naquela mesma noite, porém, enquanto Eros dorme, Psiquê tira a tampa da lamparina, apanha a faca e olha para ele. Naquele momento, ela vê que ele é o deus do amor. Psiquê larga então a faca e se fura acidentalmente com uma das flechas de Eros. Ela imediatamente se apaixona por ele. Ao mesmo tempo, uma gota de óleo da lamparina cai no ombro de Eros, e ele desperta e sai voando, com Psiquê agarrada nele. Cansada, ela cai na terra e Eros a abandona.

Em desespero diante do que aconteceu, Psiquê deseja se afogar imediatamente em um rio. Pã está no rio e dissuade Psiquê de tirar a própria vida. Ele lhe sugere que ela reze para a deusa do amor, que compreende quando alguém está enlouquecido de paixão. Psiquê percebe que ela mesma deve ir até Afrodite, que relutantemente lhe dá quatro tarefas como condição para salvá-la.

Primeiro, Afrodite mostra a Psiquê uma enorme pilha de sementes de vários tipos, todas misturadas, e lhe diz que ela deve separá-las antes do anoitecer ou morrerá. Psiquê espera; as formigas ouvem seu dilema e separam as sementes em diferentes montinhos para ela.

A segunda tarefa que Afrodite impõe de má vontade a Psiquê é de ir a um determinado campo atravessando um rio e trazer de volta o velocino dos carneiros dourados do sol antes do anoitecer. Mais uma vez, diante desta tarefa assustadora, Psiquê pensa em se jogar no rio, mas os juncos à beira da água lhe dizem para não se aproximar dos carneiros durante o dia, e sim para ir ao entardecer pegar um pouco da lã dos animais que ficou presa nos galhos baixos das árvores. Ela encontrará o suficiente para satisfazer Afrodite.

Na terceira tarefa, Afrodite instrui Psiquê a encher uma taça de cristal com água do rio Estige, que é guardado por monstros perigosos. Quando Psiquê se sente derrotada, surge uma águia de Zeus, que voa para o centro do rio, mergulha a taça nas águas perigosas, a enche e a devolve a Psiquê.

A quarta tarefa é a mais interessante. Psiquê precisa entrar no mundo inferior e obter uma caixa do creme de beleza da própria Perséfone. Psiquê pensa que essa missão é impossível e novamente se sente derrotada. Dessa vez, é uma torre que lhe dá as instruções necessárias. Ela deve levar duas moedas na boca e dois pedaços de pão de cevada. Ela deve se recusar a ajudar um carroceiro coxo que leva um burro e que lhe pedirá para pegar alguns paus; deve pagar ao barqueiro do rio Estige com uma das moedas; desviar da mão de um moribundo que se estende para fora da água; e se recusar a auxiliar três mulheres que estão tecendo os fios do destino. Ela deve lançar um pedaço de pão de cevada para Cérbero, o cão de três cabeças que guarda a entrada no mundo inferior, e entrar enquanto as cabeças estiverem disputando o pedaço de pão. Ela deve então repetir todo o processo ao contrário na volta. Psiquê recebe o creme de beleza e consegue retornar ao mundo superior depois de todas as provas e tentações, abrindo a caixa somente ao chegar. Ao abri-la, um sono fatal imediatamente cai sobre ela, que vai ao chão como se estivesse morta.

Nesse momento surge Eros, que lhe retira o sono, colocando-o de volta na caixa, e leva Psiquê com ele para o Olimpo. Lá, conversa com Zeus, que concorda que Psiquê completou satisfatoriamente todas as tarefas e se tornará uma deusa. Afrodite também concorda. Os deuses entram em acordo, e Eros e Psiquê se casam. Psiquê dá à luz uma menina, a quem dão o nome de Prazer.[4]

Psiquê é uma mulher que ainda não abandonou a psicologia de "filha". Ela não conhece nada, exceto a casa dos pais, e, quando é transportada por Eros para o Vale do Paraíso para se tornar sua noiva, aceita seu destino sem fazer perguntas. Ela está aliviada por ser resgatada das garras da horrível criatura e está disposta a jamais saber quem é a pessoa com quem se casou. Isso é o que acontece com a maioria de nós quando nos casamos pela primeira vez; estamos dispostas a permanecer em um estado de ilusão até que algo nos obrigue a acender a luz da razão sobre nós e sobre nosso relacionamento. Psiquê foi forçada a tomar consciência devido à insistência de suas irmãs em descobrir mais sobre seu marido. Ela joga sobre ele a luz da razão, se apaixona pelo que *vê* e o perde imediatamente.

Ela foi abandonada, o paraíso já era, e ela deve enfrentar a vida por conta própria. Sua perda a envia para o rio, onde ela quer afogar suas mágoas. Entretanto, ela é persuadida por Pã a não optar pela saída mais fácil e a começar a própria jornada de individuação. Ela mesma deve ir até a deusa do amor e ser testada.

As tarefas que lhe são atribuídas por Afrodite representam alguns dos testes com os quais a psique feminina deve lutar para crescer. Primeiro, Psiquê deve separar as sementes. Como você sabe, todos os elementos de um sonho ou de um conto de fadas são um aspecto do eu. Portanto, as formigas que vêm para ajudá-la são aquela parte da psique que deve organizar as possibilidades, ordenar a confusão e aprender a confiar em suas próprias ferramentas psicológicas, intelectuais e intuitivas para entender o que deve ser enfrentado por conta própria. Uma mulher precisa afiar a espada do discernimento para decidir o que lhe convém em sua vida e o que deve ser eliminado.

Na segunda tarefa, Psiquê deve encontrar seu próprio poder feminino. Ela deve obter lã de carneiros agressivos cuja principal tarefa é afirmar dominância. Ela precisa ouvir sua própria voz instintiva e cultivar a paciência para não agir muito rapidamente e provocar sua própria destruição. Ela precisa encontrar uma maneira de conseguir um símbolo de poder para si mesma sem ser destruída no processo. Esse é o teste que muitas mulheres enfrentam todos os dias em uma cultura patriarcal. Desafiadas a superar o mito da inferioridade feminina, elas precisam alcançar o poder que procuram sem se armarem e sem se desconectarem dos próprios sentimentos e de sua alma feminina.

A terceira tarefa simboliza a necessidade de Psiquê de desenvolver uma visão geral de uma situação para ser capaz de não sucumbir ao medo. A perspectiva da águia lhe permite observar os padrões de sua vida para que ela não caia em um comportamento autossabotador repetitivo, seja nos relacionamentos ou no trabalho.

A quarta tarefa é a mais difícil para quase todas as mulheres, porque ela deve impor limites a si mesma e aos outros, além de admitir para si que é aceitável ter limitações. Psiquê realiza a quarta tarefa dizendo "não" àqueles que pedem sua ajuda. Para que cada uma de nós se abstenha de abdicar de si mesma, devemos parar de resgatar os outros e reconhecer que cada um tem seu próprio destino. Somente então poderemos nos tornar inteiras.

Quando Psiquê retorna do mundo inferior, ela não consegue conter sua curiosidade e abre a caixa do creme de beleza de Perséfone. Ela cai num sono mortal, tornando-se inconsciente. Este fracasso faz com que ela se lembre de que é humana e também nos recorda que sempre encontraremos a derrota em nosso caminho. Cometemos erros, nos traímos, retrocedemos. Mas também aprendemos com cada passo em falso. Isso é parte de ser humano. Não podemos esperar a perfeição, e, a cada vez que caímos, outra parte de nossa psique, como Eros no mito, nos elevará à consciência.

É mais fácil combater um inimigo do lado de fora do que um inimigo do lado de dentro. É importante para as mulheres saberem que existe um patriarca interior dentro delas, que o patriarcado não é apenas um inimigo a ser combatido do lado de fora.

– Hal Stone e Sidra Stone

Aliados

O aliado é uma figura encontrada com frequência em sonhos, mitos e histórias e que ajuda ou protege a heroína. Na história de Psiquê e Eros, ela conta com a assistência de vários aliados: formigas a ajudam a separar as sementes, juncos lhe dizem como pegar a lã dourada, uma águia enche a taça de cristal e uma torre lhe dá instruções para sua viagem pelo mundo inferior. Eros salva Psiquê de um sono mortal, levando-a até o Olimpo para torná-la uma deusa. Quando Psiquê perde a fé e quer se afogar no rio, Pã é o aliado que a encoraja a seguir em frente.

Um aliado, em geral, já sobreviveu a suas próprias provas e agora pode transmitir seu conhecimento e sabedoria a outra pessoa. O aliado nos guia no caminho da vida e nos motiva a permanecer em nossa própria jornada, não importa quão difícil seja superar nossos temores. Alguns aliados nos ajudam a ultrapassar o limiar; outros nos ajudam quando somos testadas, são testemunhas justas do que está acontecendo em nossa vida e nos oferecem perspectivas sobre a nossa jornada. Um aliado frequentemente faz uma pergunta esclarecedora sobre nossa jornada, como: "Para onde você vai e como pretende chegar lá?"

Desenvolvemos uma relação com nosso aliado interno à medida que desenvolvemos mais consciência do *Self*. O *Self* é a parte mais sábia, mais semelhante à deusa em nós mesmas.[5] Nosso aliado interior costuma personificar as qualidades das pessoas que nos ajudaram em diferentes momentos ao longo da vida. Para tornar-se mais consciente de seu aliado interior, lembre-se das pessoas que apareceram em diferentes momentos de sua vida para apoiar, guiar, acolher e inspirar você.

Adversários

Assim como há aliados na nossa vida e no nosso próprio ser, também há adversários ou guardiões do limiar, cuja função é testar ou bloquear nosso progresso. Os adversários nos desafiam, dizendo: "Você está realmente falando sério sobre querer fazer esta mudança? Você acha que pode fazer isso? Você não acha que seus filhos vão sofrer? E o seu parceiro? Não é um risco financeiro?" O adversário representa nossos demônios interiores: as cicatrizes emocionais, as dependências, as resistências e as limitações autoimpostas que retardam nosso crescimento. Sempre que tentamos modificar um padrão antigo ou seguir em frente, um adversário aparece para testar se nossas intenções são sérias ou não.

Já analisamos como os mitos da inferioridade feminina, da dependência e do amor romântico atuam como adversários e estão profundamente enraizados em nossa cultura. A história a seguir, do Barba-Azul, de Clarissa Pinkola Estés, no livro *Mulheres que correm com os lobos*, ilustra bem o adversário que sabota a vida de uma jovem mulher.[6]

Havia um homem chamado Barba-Azul que cortejava três irmãs ao mesmo tempo. No início, elas tinham medo dele por causa do matiz de sua barba. No entanto, com o passar do tempo, a mais nova ficou encantada por ele e concordou em desposá-lo. Barba-Azul e sua nova esposa foram viver em seu castelo na floresta. Um dia, ele disse à mulher que precisava fazer uma viagem e sugeriu que ela convidasse suas irmãs para lhe fazer companhia enquanto ele estivesse fora. Ele lhe deu seu molho de chaves para que ela tivesse acesso a todos os cômodos do castelo, exceto um. Barba-Azul a proibiu de usar a chave menor.

> *Quando você viaja com seus inimigos como companheiros, quando você lhes oferece mãos revestidas de compaixão, quando você os abriga em sua admiração, então quem você é e quem você pode ser convergem. Você experimenta um senso de responsabilidade pelo mundo ao seu redor – não porque você tem bondade, mas porque você é capaz de amar.*
>
> – Dawna Markova

Barba-Azul então partiu e as irmãs foram visitá-la. Quando a jovem esposa lhes disse que tinham acesso a todos os cômodos do castelo, elas se divertiram muito abrindo todas as portas para descobrir o que havia por trás de cada uma. Elas acabaram chegando ao porão, e a única chave que ainda não tinham usado era a menor, a chave proibida. Intrigadas com a pequena porta do porão, as irmãs imploraram à jovem que usasse a chave proibida para abri-la. No início, ela estava relutante em desobedecer ao marido, mas depois abriu a porta. Estava muito escuro para ver o interior, então as irmãs trouxeram uma lamparina para iluminar o espaço. Quando as três irmãs olharam para dentro, elas gritaram. A sala estava repleta de ossos de cadáveres atirados pelo chão, com os crânios empilhados nos cantos. Agitadas com terror, bateram a porta, tiraram a chave da fechadura e depois olharam para a chave. Estava manchada de sangue. Tudo o que a jovem esposa fez para estancar o sangue da chave se mostrou inútil. Ela simplesmente não conseguia parar o fluxo. Ela esfregou a chave com crina de cavalo, friccionou cinzas sobre ela e a segurou sobre o calor do fogo para queimá-la. Ela a enrolou em teias de aranha, mas nada parava o fluxo de sangue. Finalmente ela desistiu e escondeu a chave em seu armário, onde o objeto continuou a sangrar sobre suas magníficas roupas.

No dia seguinte, seu marido voltou e perguntou como tudo havia corrido durante a sua ausência. Ela respondeu que estava tudo bem, e Barba-Azul lhe pediu que devolvesse suas chaves. Quando ela lhe deu o molho de chaves, ele imediatamente viu que a menor estava faltando.

A jovem esposa deu a desculpa de tê-la perdido enquanto cavalgava, mas Barba-Azul não acreditou. Ele abriu o armário da esposa e viu que a chave menor havia sangrado sobre todos os vestidos.

Com raiva, Barba-Azul agarrou a mulher e bradou que agora era a vez dela de morrer. Ele a arrastou até o pequeno cômodo do porão e imediatamente a porta se abriu diante dele. Ali estavam os esqueletos de todas as suas esposas anteriores.

A jovem suplicou por sua vida e pediu que lhe fosse dado algum tempo para se preparar para a morte. Barba-Azul cedeu, dizendo-lhe que tinha quinze minutos para se preparar. Ela então correu até seu quarto e chamou suas irmãs: "Irmãs, irmãs, vocês estão vendo nossos irmãos chegando?" No início, elas disseram que "não", mas ela repetia sempre seu apelo. Quando Barba-Azul começou a subir as escadas atrás dela, os irmãos finalmente apareceram. Galopando com estrondo pelo corredor do castelo, eles perseguiram Barba-Azul até o parapeito. Chegando lá, eles o mataram e o deixaram apodrecer.

Essa história é semelhante à de Psiquê, porque novamente há três irmãs e a mais jovem também é a mais ingênua. Na história de Barba-Azul, a irmã mais nova ainda não percebeu seu adversário interior ou predador e vê apenas o que quer ver. Uma parte da psique da maioria de nós se recusa a ver qualquer aspecto destrutivo ou derrotista de nossa própria natureza. Até suas irmãs a encorajarem a olhar o que havia atrás de cada porta, a jovem esposa permanecia inconsciente dos perigos que corria. Ela estava proibida de usar a única chave que poderia trazê-la à consciência.

Era importante que ela desobedecesse a ordem do adversário e descobrisse o que havia atrás da porta. É difícil olhar, mas, para nos tornarmos conscientes, cada uma de nós precisa olhar para as partes de nós mesmas que negamos ou que foram ou estão sendo mortas. A jovem irmã desejava desviar o olhar, mas não podia negar o que vira, pois a chavezinha que abria a porta continuava sangrando, e não havia como esconder a hemorragia. Existia uma ferida profunda no próprio âmago de seu ser.

Quando o marido voltou, logo soube que a esposa havia encontrado a carnificina. Ele está a ponto de matá-la imediatamente, mas ela pede para se preparar. Ela precisa de tempo para se concentrar e se fortalecer para dominar seu predador interior. Ela conclama seus irmãos, sua própria natureza masculina, para ajudá-la a desmembrar o adversário. Em vez de sucumbir indefesa, negar ou fugir, ela confronta o adversário de cabeça erguida, eliminando o poder que ele tem sobre ela.

Toda mulher tem um adversário, um predador ou um sabotador dentro de si que a impede de ouvir a sua própria intuição e seguir sua verdade. A mulher deve enfrentar esse adversário interior e superá-lo se quiser continuar em sua jornada. Nosso adversário ou sabotador interior frequentemente personifica aspectos de pessoas que conhecemos ao longo da vida e que dificultaram as coisas ou impediram nosso progresso. Ou eles podem personificar aspectos sombrios de nós mesmas, aquelas partes de nós que não queremos ver, como a carência, a culpa, a rigidez, a agressividade, as expectativas pouco realistas, o perfeccionismo, a intolerância e a autopiedade.

Exercício sobre aliados

Como seus pais, avós, professores, treinadores, padres, rabinos, amantes, filhos, amigos e colegas de trabalho serviram como aliados para você? O que eles valorizavam em você? Como eles definiram você? Como você se definiu na presença deles? Como eles a encorajaram? Alguma das pessoas com as quais você teve relacionamentos difíceis funcionou como aliada, desafiando-a a se esforçar, crescer e enfrentar partes de si mesma que você não desejava ver? Quais foram as dádivas (habilidades, atitudes, sabedoria, discernimento) que seus aliados lhe deram?

De que maneira você é semelhante aos aliados em sua vida? Como seus pontos fortes, suas habilidades e atitudes a fazem se lembrar deles?

Use o exemplo a seguir para listar todos os aliados que você teve na vida desde a infância até o presente. Como eles a orientaram ou ajudaram? O que eles lhe ensinaram sobre si mesma? Inclua na lista suas próprias características que são suas aliadas. Com que partes de si mesma você pode contar? Que aspecto de sua personalidade é seu maior aliado?

ALIADO(A)	DÁDIVA	PARTE ALIADA DE MIM MESMA
Heather	perspectiva positiva	procurar a luz na escuridão
Margaret	humor	capacidade de rir de mim mesma
Fernando	capacidade de se manter centrada	desejo de permanecer presente
Maria	compaixão	capacidade de ouvir profundamente

Exercício sobre adversários

Da mesma forma que você fez com seus aliados, use o exemplo a seguir para listar todos os adversários/inimigos que você teve na vida, desde a infância até o presente. Você pode descobrir que as mesmas pessoas podem funcionar tanto como aliadas quanto como adversárias. Como elas rejeitaram ou sabotaram você? Que comportamentos você desenvolveu para superar os desafios apresentados por elas? Inclua em sua lista os aspectos de sua própria natureza que são seus adversários. Como você os supera? Que parte de você mesma foi sua maior adversária?

ADVERSÁRIO	CARACTERÍSTICA	PARTE ADVERSÁRIA DA MINHA NATUREZA
Mãe	negatividade	ver o copo meio vazio
Pai	negligência	protetor interior fraco
Lucien	rejeição	autonegação

Imaginação ativa: o aliado ou a aliada

Feche os olhos e concentre-se em sua respiração, no ar entrando... e saindo... de suas narinas. Respire fundo três vezes e, ao exalar, libere toda tensão que você possa estar carregando em qualquer parte do seu corpo. Ao respirar no seu próprio ritmo, mentalize que, a cada expiração, você mergulha mais e mais fundo em níveis de consciência em que mais imagens e lembranças são acessíveis. Imagine agora que você está num caminho dentro de uma floresta. Enquanto percorre o caminho, você percebe as árvores ao seu redor, a vegetação espessa e o som dos pássaros. Você percebe as cores e os aromas. Você sente o calor do sol e uma brisa suave. Você continua ao longo do caminho até ouvir o som da água. Você vê um pequeno riacho diante de si e caminha até a beira da água. Ao olhar para dentro da água, você toma consciência de seu próprio reflexo. Você olha para as pedras e os pedregulhos na água e pensa em sua vida. (Pausa breve.)

Enquanto observa seu próprio reflexo na água, você se dá conta de outra presença ao seu lado. Você se sente completamente segura, como se conhecesse essa outra pessoa há muito tempo. Essa presença pode ser a de uma velha e sábia mulher ou um homem, um animal, um amigo que é seu aliado, alguém em quem você pode confiar. Vocês se cumprimentam e seu aliado ou aliada a convida a seguir através de uma pequena ponte que atravessa o riacho. Você segue e se pega subindo uma colina que leva a uma caverna. Seu aliado ou aliada entra na caverna, se senta e gesticula para que você faça o mesmo. Você entra na caverna, se senta, e seu aliado ou aliada lhe pergunta em que aspecto você está sendo desafiada em sua vida. Ele ou ela escuta e depois lhe dá uma dádiva. Essa dádiva pode ser uma história de sabedoria, um símbolo de algo necessário em sua jornada, palavras de tranquilização, uma tarefa a ser cumprida. (Pausa de um minuto.)

Você aceita a dádiva, e o aliado ou aliada lhe diz que você pode retornar a qualquer momento que desejar. Você sempre será bem-vinda e essa presença estará sempre presente para ajudá-la no que for preciso. Você lhe agradece, leva sua dádiva com você e deixa a caverna. Você caminha de volta pelo caminho sobre a ponte, olhando mais uma vez seu reflexo na água. E percebe como se sente ao percorrer o caminho, saindo da floresta, e depois você mesma se conduz de volta até aqui, para a consciência plenamente desperta. Conte até três para si mesma e, lentamente, abra os olhos, sentindo-se relaxada e alerta.

Exercício de escrita: o aliado ou a aliada

Escreva ou grave sua experiência com seu aliado ou aliada e o que essa pessoa lhe ensinou sobre si mesma. Qual dádiva você recebeu? O que isso significa para você? Existe alguma tarefa que você foi instruída a concluir?

Perguntas para escrever e refletir

* De que maneiras sua crítica interior (ou seu patriarca interior) chama a atenção para os seus supostos defeitos? Por exemplo: "Você nunca ganhará dinheiro suficiente", "Você não tem competência para liderar essa reunião", "Você é velha demais para mudar de carreira".
* O que diz sua crítica interior sobre seu corpo, sua aparência, sua mente, sua capacidade de ter um relacionamento bem-sucedido e assim por diante? Por exemplo: "Suas coxas são muito grossas", "Você nunca encontrará outro alguém", "Você não sabe se vestir", etc.
* Visualize sua crítica interior o mais claramente possível. Como é a aparência dela (ou dele)? Como ela se veste? Qual é o som de sua voz? Quem ela lembra a você? Dê-lhe um nome para que você a reconheça no futuro. Faça um desenho dela. Mande-a sair de férias.
* Em que mitos sobre o amor romântico você acredita?
* Qual é a dádiva que você oferece para sua família, seus amigos, sua comunidade, seu trabalho e para si mesma?
* Que presente recebido teve um impacto em sua vida? Como isso aconteceu? (Por exemplo, o avô de Patricia lhe deu uma moeda de ouro quando ela era menina. Hoje ela é uma mulher de negócios muito bem-sucedida que possui e dirige uma livraria que vende obras progressistas.)

Sem modéstia

Um homem precisa pensar sobre seus sentimentos antes de falar sobre eles, enquanto uma mulher é capaz de sentir, falar e pensar, tudo ao mesmo tempo.

– JOHN GRAY

Retome e reconheça seus pontos fortes, suas habilidades e seus talentos. Quem você tem sido como mulher? Quais têm sido seus papéis e suas conquistas ao longo da vida?

Escreva um texto em primeira pessoa sem modéstia: por exemplo, "Sou esposa, mãe de dois filhos, gerente de um restaurante", e assim por diante.

Use uma folha de papel A3 ou maior e escreva o mais rápido que puder usando canetinhas coloridas. Se desejar, escreva com a folha em pé e também deitada, sobrepondo sua vida atual à sua vida de antigamente.

Em seguida, escreva uma história de uma a duas páginas sobre essa personagem (você mesma) na terceira pessoa. Descreva a personagem (que pode ser uma pessoa ou um animal) incorporando todas as suas qualidades e pontos fortes. Por exemplo, "Era uma vez uma menina pequenina que cresceu e se tornou uma guerreira sábia e valente que..." ou "Era uma vez uma pantera negra elegante com um olfato apurado que...". Compartilhe sua história com alguém, ou narre ou cante sua história usando um gravador.

Exercício de escrita: o adversário ou a adversária

Escreva ou grave uma história sobre uma experiência que você teve com um adversário ou adversária, do ponto de vista *dessa pessoa, não do seu* – pois esse você já conhece. Relate o que aconteceu entre vocês a partir da perspectiva do outro.

Ao olhar para seu adversário dessa perspectiva, o que você aprendeu? Por exemplo, certa vez tive uma gestora particularmente negativa e depressiva. Escrevi uma história sobre uma interação que tivemos do ponto de vista dela, e então acabei desenvolvendo uma nova compaixão por ela e pelo que estava acontecendo em sua vida. Também tive que reconhecer minha própria intolerância e arrogância ao lidar com ela.

Associações de sonhos

A maioria das pessoas que exploram os próprios sonhos faz associações com as imagens contidas neles. Depois de registrar seu sonho, pegue a primeira imagem que chamar sua atenção, anote-a e pergunte a si mesma: "Que sentimento tenho sobre esta imagem: que palavras ou ideias me vêm à mente quando olho para ela?"[7] Escreva qualquer palavra, sentimento ou lembrança que a imagem evoque. Suas associações podem ou não ter relação com o que está acontecendo em sua vida desperta. Anote todas as associações que você encontrar para essa imagem original do sonho (não faça conexões com as associações). Depois, passe para a imagem seguinte.

À medida que ler suas associações, você perceberá que uma delas gerará muita energia por tocar numa ferida; isso a ajudará a ver algo em si mesma que você havia ignorado até então ou que se encaixe com os outros símbolos presentes no sonho. Escolha permanecer na associação que gerar mais energia.[8]

Depois de ter feito associações com as imagens que escolheu, é preciso descobrir o que está acontecendo dentro de você e que é representado pela situação no sonho. Robert Johnson sugere que você volte a cada imagem e se pergunte:

* Que parte de mim é esta?
* Que qualidades esta personagem do sonho tem na vida real?
* Tenho algum traço em comum com a pessoa do sonho?
* Tenho manifestado esses aspectos em minha vida desperta ultimamente?
* Quem, dentro de mim, se sente assim ou se comporta assim?
* Que crenças ou opiniões esta personagem possui?
* Eu tenho as mesmas opiniões que ela sem perceber?

De que maneira sua parte interior representada pela imagem do sonho está se manifestando em sua vida desperta? Anote todos os exemplos.[9]

REGISTRE TODOS OS SEUS SONHOS ENQUANTO ESTIVER EXPLORANDO ESTE CAPÍTULO.

3
Iniciação e descida

Quando entramos numa fase florestal em nossa vida, entramos num período de peregrinação e numa época de crescimento potencial da alma. Aqui é possível encontrar algo do qual fomos separadas, "lembrar" de um aspecto outrora vital de nós mesmas. Podemos desvelar uma fonte de criatividade que está escondida há décadas.
— Jean Shinoda Bolen, *O caminho de Avalon*

Tendo passado pelas provas para encontrar sua dádiva do sucesso, a heroína chega a um ponto em sua jornada em que ela sente que "tem tudo" – ela chegou. O amor, os títulos acadêmicos, o cargo, o prestígio e o dinheiro que ela buscou com seu foco no desempenho e nas conquistas foram ao menos parcialmente alcançados, e agora ela sente uma expectativa incômoda. Ela procura a próxima montanha para escalar: um novo título, um emprego melhor, outro bebê. Como as mulheres têm dificuldade para manter a sensação de sucesso, elas estão sempre à procura de mais validação. Nossa heroína encontra ainda outro desafio e se esforça para alcançar seu objetivo mais uma vez.

Minha vida tem sido uma longa descida em direção à respeitabilidade.
— Mandy Rice Davies

Finalmente, após muitos anos, essa busca pelo sucesso começa a lhe parecer uma traição de si mesma, e nossa heroína experimenta uma crescente sensação de aridez espiritual. Ela se sente esgotada, seca, frágil e desconectada de si mesma; seu rio de criatividade secou. Ela se pergunta "O que eu perdi?", mas não ouve resposta; ela silenciou sua intuição há muitos anos. Ela tenta acolher a si mesma, mas descobre que os recursos que ela antes usava já não a sustentam mais, porque ela se tornou uma pessoa diferente. Ela tem sonhos com temas recorrentes de perda – a carteira, as chaves, os cartões de crédito, o carro. Ela sonha que se tornou uma sem-teto e que fica vagando sem rumo.

Ela se sente traída não apenas por si mesma, mas também pela mentalidade cultural que a encorajou a ser uma "boa garota" e lhe disse que, se ela confiasse no pensamento masculino voltado a objetivos, seus esforços heroicos seriam recompensados. Agora, ela se sente totalmente só e privada de conforto – entretanto, está em um ponto muito importante de sua jornada: quando a mulher decide reservar um tempo para examinar a própria vida e deixar de *fazer*, ela precisa aprender a simplesmente se sentir confortável *consigo mesma*. Aprender a *ser*, não a *fazer*: isso é não um luxo, mas uma disciplina. A heroína precisa escutar com atenção sua verdadeira voz interior, e isso significa silenciar as outras vozes ansiosas por lhe dizer o que fazer. Ela precisa estar disposta a manter a tensão até que sua nova identidade venha à tona. Qualquer coisa que não seja a contenção paciente aborta o crescimento emergente, nega a mudança incipiente e reverte a transformação potencial. Ela precisa sustentar a escuridão de não saber o que está por vir. Marion Woodman explica melhor, ao escrever:

> É preciso um ego forte para sustentar a escuridão, aguardar, manter a tensão, esperando por algo que não sabemos o que é. Se, no entanto, conseguirmos aguentar por tempo suficiente, uma pequena luz é concebida no inconsciente escuro, e se conseguirmos esperar e suportar, no seu próprio tempo ela nascerá em seu brilho pleno. O ego então precisa ser amoroso o suficiente para receber a dádiva e nutri-la com o melhor alimento para que a nova vida enfim transforme toda a personalidade.[1]

A aridez espiritual experimentada nessa fase da jornada acaba levando à iniciação e à descida. A descida se caracteriza por uma jornada ao mundo inferior, à noite escura da alma, ao ventre da baleia, ao encontro com a deusa das trevas – ou simplesmente como uma depressão. Em geral, é precipitada por uma perda que transforma a vida. A experiência da morte de um filho, de um dos pais ou do cônjuge com quem a vida e a identidade de uma pessoa estão intimamente interligadas pode marcar o início de uma descida. Um divórcio, uma doença grave ou um acidente, a perda da autoconfiança ou do sustento, uma demissão, a incapacidade de terminar um curso ou de obter um título, um confronto com um vício ou um coração partido – qualquer desafio emocional sério – pode abrir espaço para o desmembramento e a descida. A passagem à meia-idade, sobre a qual comentarei mais adiante, também pode ser vista como uma descida.

Parece que há certas etapas pelas quais passamos durante uma descida. No início nos sentimos confusas ou desorientadas por um sofrimento repentino, uma perda, uma dor ou alguma experiência inexplicável. Nós nos sentimos indispostas, impotentes e irritadiças. A irritabilidade nos leva a sentimentos de alienação e desilusão, e começamos a culpar os outros por nossa dor. Por fim, acabamos passando à raiva, à fúria, ao luto e ao desespero.

Quando uma mulher está "fazendo coisas demais", esse é um grito de socorro. A única maneira que ela tem de pedir ajuda é oferecer infinitamente a ajuda de que ela mesma precisa desesperadamente.
— John Gray

Qualquer mulher que tenha enfrentado um divórcio já passou pelas etapas de uma descida. Quando meu marido e eu nos separamos, eu me senti desorientada pela mudança em nossa rotina diária. Ele não me ligava mais do trabalho, não voltava para casa para jantar, não comentava os acontecimentos do dia comigo. Ele não estava lá para me abraçar quando eu adormecia à noite e acordava pela manhã. Eu me senti impotente para mudar a situação e implorei a ele que voltasse para casa. Quanto mais impotente eu me sentia para efetuar qualquer mudança, mais irritável eu me tornava. Cada vez mais, eu me sentia desiludida com os conselhos que tinha recebido na terapia e dos amigos, e os culpava silenciosamente por apoiarem minha separação. No final, sentia apenas raiva, luto e um desespero sem fim. O que eu tinha feito e *por quê*? Como meu mundo tinha virado de cabeça para baixo da noite para o dia?

Quando temos esses sentimentos de luto e desespero, estamos no mundo inferior. No submundo, não há noção de tempo; o tempo é infinito e não é possível apressar a sua estadia. Não há manhã, tarde, noite ou madrugada. É densamente escuro e impiedoso. Essa escuridão onipresente é fria e arrepiante. Nos grandes mitos das deusas que fizeram a descida, como a Perséfone grega e a Inana suméria, o tempo na escuridão não conhece limites. Não há respostas fáceis no mundo inferior e nenhuma saída rápida, mesmo para os imortais. O silêncio se instala quando o pranto cessa. A pessoa está nua e caminha sobre os ossos dos mortos.

Para o mundo exterior, a mulher que começou sua descida está ensimesmada, triste e inacessível. Suas lágrimas muitas vezes não têm nome, mas estão sempre presentes, quer ela as chore ou não. Ela não pode ser consolada e se sente totalmente abandonada. Ela esquece as coisas, escolhe não ver os amigos. Ela se enrola no sofá em posição fetal ou se recusa a sair de seu quarto. Ela escava a terra ou caminha pela floresta. A lama e as árvores se tornam suas companheiras. Ela entra num período de isolamento voluntário que é visto por seus familiares e amigos como uma perda de juízo.

A mulher precisa descer às profundezas do seu ser se quiser recuperar as partes de si mesma das quais se separou quando rejeitou a mãe e quebrou o espelho do feminino. Nesse processo doloroso, ela experimenta uma perda de identidade, um apagamento dos contornos de um papel conhecido, e um medo que acompanha tudo isso. Ela pode se sentir seca, crua e desprovida de sexualidade ou experimentar a dor lancinante de estar virada do avesso. E ela pode passar um longo tempo ali no escuro, esperando enquanto a vida continua acima. Essa quebra de papéis conhecidos, do velho mito, torna-se um avanço que inicia uma fase de transição entre dois períodos de desenvolvimento. Essa iniciação é experimentada como uma morte para que a heroína possa renascer. Ela está presa entre duas identidades.

A descida é uma jornada sagrada; todas nós tentamos evitá-la, mas em algum momento da vida viajamos para as nossas profundezas. Embora seja uma jornada dolorosa, invariavelmente ela fortalece a mulher e esclarece seu senso de individualidade. Algo pode ser deixado para trás ou sacrificado; contudo, trata-se menos de um sacrifício que de uma transformação. A mulher retorna à luz com potencialidades desconhecidas e ainda inexploradas que estavam escondidas em seu inconsciente. Muitas mulheres experimentam uma descida na meia-idade, e é a respeito dessas particularidades que falarei a seguir.

Descida na meia-idade

Em algum ponto entre o final dos 30 e o início dos 40 anos, a mulher pode começar a experimentar uma sensação incômoda de perda. Ela não se sente tão atraente, sexy ou segura de si mesma como no início da vida adulta. O papel estabelecido de esposa, mãe ou mulher de negócios está começando a mudar, e as mudanças que ocorrem em seu corpo são vistas como uma traição. A mulher que esteve intensamente envolvida na maternidade, independentemente de seu envolvimento em sua carreira, começa a entrar em pânico ao prever o ninho vazio. Se era superprotetora ou tinha um relacionamento de proximidade exagerada com seus filhos – como é o caso de muitas mães desta geração –, ela provavelmente sofrerá depressão e confusão quando seu papel de mãe chegar ao fim. Não mais definida pelas necessidades de seus filhos, ela olha com ansiedade para as quadras esportivas nas quais seus filhos não jogam mais e vê um espaço vazio que ela, por si mesma, tem que preencher.

Para entrar na floresta, é preciso deixar as velhas maneiras e identidades para trás; nós nos livramos das defesas, dos hábitos e atitudes enraizados, e isso nos abrirá para novas possibilidades e uma nova profundidade.

– Jean Shinoda Bolen

Para a maioria das "filhas do pai" cujo foco principal costuma ser o trabalho e a carreira, a percepção de que elas não vão dar à luz uma criança traz um profundo sentimento de privação. Ao longo de muitos séculos, o reconhecimento do poder de uma mulher se restringiu à sua capacidade de dar à luz, de modo que aquelas mulheres que optaram por não concretizar essa potencialidade muitas vezes – embora nem sempre – sentem uma perda arquetípica.

A meia-idade pode ser uma época de terrível caos emocional, quando uma mulher se vê diante dos sonhos perdidos, das decepções e rejeições que advêm de uma vida plena. Sua tolerância ao estresse diminui à medida que o surgimento de medos desconhecidos começa a aumentar. Lembranças de abuso emocional, físico ou sexual da infância vêm à tona, e a depressão e a fúria se instalam. Ela se sente triste, paralisada, num impasse. Sua memória fica turva, sua concentração diminui. Talvez, pela primeira vez na vida, ela chore por qualquer coisa. Gail Sheehy relata que 50% das 7 mil mulheres que entrevistou para seu livro *Novas passagens* sofreram pelo menos uma depressão grave entre o meio e o final de seus 40 anos.[2] Sheehy observa que a maioria dessas depressões teve mais a ver com as mudanças que ocorrem no sistema reprodutivo do que com o fim de um papel social em particular.

As mudanças físicas que ocorrem durante a meia-idade parecem uma traição: a humilhação das mamas caídas, o inchaço abdominal, a flacidez nos braços, a interrupção do fluxo menstrual, a perda de tônus muscular, as ondas de calor, a sudorese noturna, os pelos no buço, as rugas e os cabelos grisalhos e finos – tudo parece acontecer de uma só vez. Palpitações, oscilações de humor e insônia não ficam muito atrás. O ganho de peso, a perda da libido e o ressecamento da parede vaginal fazem com que muitas mulheres temam a perda de sua sexualidade na meia-idade.

Para essas mulheres, o problema não é tanto a falta de desejo sexual, mas seu temor de estar perdendo a capacidade de despertar desejo sexual em outras pessoas. É o seu poder feminino que está em jogo, não a sua capacidade sexual. Em alguns casos, a dor e a raiva que vêm à tona com a constatação do declínio podem até mesmo aumentar o desejo e a atividade sexual. Não é necessariamente o apetite sexual que leva uma mulher a aumentar sua atividade, mas uma necessidade desesperada de tentar provar a si mesma que ela ainda tem poder sobre os homens e ainda pode competir sexualmente com outras mulheres. O ciúme extremo das mulheres mais jovens que ocorre na meia-idade está relacionado aos sentimentos de perda de poder associados à perda de fertilidade e do apelo sexual, assim como à veneração da juventude presente em nossa cultura.[3] Em seu maravilhoso livro *Positive Aging: Every Woman's Quest for Wisdom and Beauty* (Envelhecimento positivo: a busca de toda mulher pela sabedoria e a beleza), a Dra. Karen Kaigler-Walker escreve:

Embora tenhamos expectativas de envelhecer com elegância e sabedoria, temos poucos exemplos aclamados socialmente de como pode ser a aparência de uma venerada mulher mais velha. Lembro-me de um grupo de mulheres sentadas ao redor de uma mesa, passando uma garrafa de vinho uma para a outra, até finalmente chegarmos à conclusão de que, independentemente do que elas realizem, as mulheres de 50 anos só recebem a aprovação da sociedade quando ainda parecem ter 35. Não existem padrões para mulheres atraentes de 40, 50, 60 ou 70 anos que de fato aparentem a idade que têm.[4]

Perda e humilhação são os temas centrais durante essa etapa da meia-idade; muitas vezes essa é a primeira vez que a mulher experimenta a perda de controle sobre a própria vida. Um dos pais adoece e ela se vê imediatamente diante do dilema de como cuidar até a morte desse ente querido que está envelhecendo. Ela perde o emprego numa leva de demissões ou se vê sem segurança econômica. Seu cônjuge a deixa por divórcio ou morte; ela perde um irmão ou filho por doença grave, dependência de drogas ou em um acidente. Uma doença ou uma circunstância fatal faz com que ela enfrente sua própria mortalidade. Ela se encontra "vagando durante sete anos na floresta", passando por um processo de iniciação da alma, enfrentando todos os aspectos de seu eu ferido e desalinhado que ela projetou sobre seus pais, seu cônjuge ou outra pessoa.

As mulheres não têm ondas de calor; elas têm picos de energia.
– Autor desconhecido

O mito de Deméter e Perséfone

Sonho que me sento junto ao poço, ao lado de Deméter, e vejo nossas lágrimas romperem a superfície da água.

O mito homérico de Deméter e Perséfone tem todos os elementos da descida, particularmente na meia-idade.

Um dia Koré (que mais tarde se chamaria Perséfone), filha de Deméter, deusa dos grãos, estava colhendo flores em um prado com suas companheiras, as donzelas sem mãe Ártemis e Atena. Ela foi atraída por um belo narciso com uma centena de botões em flor. Quando ela se aproximou para colhê-lo, a terra se abriu e, das profundezas, surgiu Hades em uma carruagem dourada puxada por quatro cavalos pretos. Ele agarrou Koré, levando-a consigo para o mundo inferior.

Deméter ouviu os gritos de Koré e se apressou para tentar encontrá-la. Com tochas acesas, ela procurou a filha por nove dias e nove noites, pela terra e pelo mar, sem se deter em nenhum momento para comer, dormir ou se banhar em sua busca frenética. Mas ninguém sabia lhe dizer o que havia acontecido com Koré. Ao amanhecer do décimo dia, Hécate, deusa da lua nova e das encruzilhadas, foi até Deméter e lhe disse que ela também tinha ouvido o choro de Koré e sabia que ela havia sido sequestrada. Ela não tinha visto quem a havia sequestrado, mas tinha ouvido seu grito. Ela sugeriu que fossem juntas até Hélios, deus do sol, e assim fizeram. Hélios lhes contou que Hades havia sequestrado Koré e a levado para o mundo inferior para ser sua esposa. Ele contou então a Deméter que o sequestro e o estupro de Koré haviam sido sancionados por Zeus, pai de Koré e irmão de Hades. Hélios pediu a Deméter que parasse de chorar e aceitasse o que havia acontecido.

Deméter ficou furiosa. Ela se sentiu traída por seu consorte Zeus e não havia maneira de consolá-la. Ela deixou o Olimpo disfarçada de velha, e vagou incógnita por campos e cidades. Durante todo o período em que Deméter estava sofrendo, nada crescia sobre a terra, que permaneceu árida e desolada.

Quando Deméter chegou a Elêusis, ela se sentou perto do poço, exausta e tomada pelo luto. Ela olhou para o poço e as lágrimas caíram de seus olhos na água. As filhas do governante de Elêusis viram Deméter no poço e foram atraídas por sua beleza e presença. Ela lhes disse que estava procurando trabalho como babá, e elas a levaram para a casa da mãe, Metanira, para que cuidasse de seu irmãozinho, Demofonte.

Deméter alimentou o bebê com ambrosia e o segurou sobre o fogo em segredo para torná-lo imortal. Uma noite, Metanira viu o que Deméter estava fazendo e gritou, temendo por seu filho. Deméter ficou furiosa. Ela se elevou em toda a sua altura, revelando sua identidade e beleza divina, e repreendeu Metanira por sua estupidez. Naquele momento, Deméter lembrou-se de quem era, e sua presença encheu a casa de luz e aromas. Deméter ordenou que um templo fosse construído para ela, e ali se sentou sozinha com sua dor por Koré. Como Deméter era a deusa dos grãos e das colheitas, enquanto ela chorava, nada crescia sobre a terra. A fome se espalhou e os deuses e deusas do Olimpo não receberam mais oferendas ou sacrifícios do povo. Cada um deles foi até Zeus para implorar sua ajuda. Por fim, Zeus enviou sua mensageira Íris para pedir a Deméter que voltasse (e recuperasse o juízo). Deméter se recusou e deixou bem claro que nada voltaria a crescer até que Koré fosse devolvida a ela.

Assim como Deméter mergulhou em sua dor, toda vez que sofremos um abalo em nossa feliz identificação com outra pessoa (algo que antes alegremente imaginávamos ser um estado inalterável), também somos tomadas pela tentação dessa entrega, dessa busca desesperada pelo que foi perdido, exigindo que nos seja devolvido exatamente como era, sem qualquer esforço para descobrir o significado da experiência.

– Helen Luke

Zeus os atendeu e enviou Hermes, mensageiro dos deuses, para ordenar que Hades mandasse Koré de volta a Deméter, para que ela deixasse sua raiva de lado e restaurasse o crescimento e a fertilidade na terra. Koré se preparou para voltar à terra, mas primeiro Hades lhe deu sementes de romã, as quais, na pressa de voltar para sua mãe, ela comeu.

Hermes levou Koré de volta para sua mãe, que ficou muito contente em vê-la. Koré correu alegremente para os braços da mãe, e então Deméter lhe perguntou se ela havia comido alguma coisa no mundo inferior. Koré respondeu que, durante todo o tempo que passara lá, não tinha comido nada, exceto as sementes de romã no momento de seu retorno.

Deméter lhe disse que, se ela não tivesse comido as sementes dadas por Hades, ela poderia ficar para sempre com sua mãe. Porém, como tinha comido as sementes, ela teria que retornar ao mundo inferior durante um terço do ano, durante o qual a terra não cultivaria nada. Ela poderia ficar com sua mãe pelo restante do tempo, período durante o qual a terra daria frutos. Daquele dia em diante, Koré passou a ser chamada de Perséfone. Depois que mãe e filha se reuniram, Hécate veio, beijou Perséfone e se tornou sua companheira. Deméter restabeleceu a fertilidade e o crescimento da terra, e a primavera irrompeu.

Muitas mulheres se sentem como Deméter durante a descida, particularmente quando ela acontece na meia-idade. É como se sua juventude, aquela parte jovem de si mesma, como a virgem Koré, tivesse sido sequestrada e, por mais que anseie por seu retorno, ela não volta. Ela desapareceu quando ninguém estava olhando. Enquanto a mulher experimenta essa perda, nada cresce ao seu redor. Ao longo de nove dias e nove noites (o *nove* simbólico da gravidez), Deméter procura com tristeza e medo sem entender o que aconteceu. Ela perdeu a parte jovem e despreocupada de si mesma; sua fertilidade secou; ela se senta junto ao poço profundo de suas emoções e chora. Seu foco se volta para dentro de si mesma.

A recompensa pela atenção é sempre a cura. [...] Mais do que qualquer outra coisa, a atenção é um ato de conexão.

– JULIA CAMERON

O desafio aqui para a mulher na meia-idade é manter as tochas acesas, como Deméter, e tentar trazer a luz do entendimento para o que está acontecendo com ela. Se apenas exigir que a juventude seja restaurada – com uso de hormônios e cirurgias estéticas –, sem tentar descobrir o significado desta passagem da vida, ela não aprende nada. Ela precisa encontrar um sentido na experiência para renascer.

Durante esse tempo, a mulher não pode se abandonar à autocomiseração; ela precisa permanecer atenta ao seu trabalho, à sua família, a outras pessoas. No mito, Deméter vai até o poço e se inspira na sabedoria das águas do inconsciente. Ela oferece seus serviços como ama-seca para cuidar do filho de outra mulher. A mulher que está em uma descida deve ouvir atentamente as mensagens de seu inconsciente em seus sonhos e nutrir o novo crescimento dentro dela. Nós nos agarramos desesperadamente ao *status quo*, mas a mudança já ocorreu e não é possível voltar atrás. Primeiro a transformação ocorre no inconsciente, e só mais tarde tomamos consciência dela.

Perséfone, por sua vez, é arrancada de uma psicologia de filha, é afastada de sua mãe e entra em sua própria descida. Lá ela assimila os ensinamentos do mundo inferior, pouco antes de voltar, ao comer as sementes que Hades lhe deu. Ela volta para sua mãe, mas não se funde mais com ela, pois agora tem um novo senso de si mesma e um novo nome, tendo passado por uma iniciação no submundo. Ela levou a semente das trevas para dentro de si mesma e agora pode dar à luz sua própria personalidade. Ninguém que faça a viagem até o mundo inferior pode permanecer o mesmo:

> Qualquer avanço de uma nova consciência, embora possa ter amadurecido ao longo de meses ou anos a perder de vista, vem através de um acúmulo de tensão que atinge um ponto de virada. Se o homem ou a mulher se mantiverem firmes e com coragem, o colapso se tornará um avanço em uma onda de vida nova. Se não for possível aguentar e a pessoa se contentar com uma evasão, então ela vai retroceder e recair na neurose.[5]

Na última parte do mito, Perséfone e Deméter são unidas por Hécate. As três partes da mulher – virgem, mãe e anciã – se unem. Elas não mais se fundem, lutam ou se apegam possessivamente uma à outra, mas se unem como uma só.

A descida de Inana

Outro mito muito importante para a compreensão da descida de uma mulher é a descida de Inana. Nesse mito, escrito em tábuas de barro no terceiro milênio a.C., Inana, a antiga deusa suméria do céu e da terra, toma a decisão consciente de viajar ao mundo inferior para testemunhar os ritos fúnebres de Gugalana, marido de sua irmã Eresquigal, rainha do mundo inferior. Ao contrário de Perséfone, Inana não é raptada e levada ao submundo; ela *opta* por fazer a jornada, abandonando sua identificação com o masculino, morrendo para seu antigo modo de ser e esperando pelo renascimento. Ela desce, se submete e morre; a sua passagem não é passiva, pois ela expressa uma vontade ativa de receber e crescer.[6]

Antes de fazer sua descida, Inana instrui Ninshubur, sua fiel serva, a pedir aos deuses paternos, Enlil, Nana e Enqui, que a ajudem a garantir sua libertação caso ela não volte dentro de três dias. Ela pede a Ninshubur que atue como "testemunha justa" de sua descida.

Inana começa sua descida, mas, no primeiro portão para o mundo inferior, ela é parada pelo porteiro Neti e convidada a se apresentar. Quando Neti informa Eresquigal, a Rainha das Grandes Profundezas, que Inana pediu permissão para testemunhar o funeral de Gugalana, a rainha fica furiosa. Ela insiste que Inana seja tratada de acordo com os mesmos ritos e leis aplicados a qualquer outra pessoa que entre em seu reino. Inana deve se despir das vestes reais e entrar no mundo inferior nua e curvada.

Descer por sua própria vontade, deixar todos os ornamentos terrestres para trás, abrir mão do "fazer", isso implica poder interior. [Inana] tinha recursos interiores suficientes para se arriscar a enfrentar essa jornada.
– Diane Wolkstein

O porteiro obedece às ordens e faz com que Inana remova uma peça do magnífico traje real em cada um dos sete portões. Ela se despe, desfazendo-se de tudo o que a definia no mundo superior em cada portão. Quando ela chega ao submundo, Eresquigal a encara com o olho da morte. Ela a mata e pendura seu cadáver em uma estaca para apodrecer.

Ao ver que Inana não retornara após três dias, Ninshubur começa a lamentar e, tocando seu tambor, circunda as casas dos deuses. Ela procura Enlil, o deus mais alto do céu e da terra, e Nana, o deus da lua e pai de Inana, mas ambos se recusam a se intrometer nas questões do mundo inferior. Por fim, Enqui, o deus das águas e da sabedoria, governante do fluxo do mar e dos rios, ouve a súplica de Ninshubur e sofre por Inana.

Enqui (que pode ser entendido como o deus associado às emoções) concebe duas criaturas, que não são nem macho nem fêmea, chamadas *galaturra* e *curgarra*, a partir da terra retirada de baixo de suas unhas. Oferece comida e bebida para que levem ao mundo inferior e pede que lamentem ao lado de Eresquigal. As duas criaturas entram despercebidas no submundo e consolam Eresquigal, que está de luto pela morte de seu marido. Ela se sente tão grata pela empatia demonstrada pelas criaturas que lhes oferece um presente. Elas pedem o cadáver de Inana, sobre o qual aspergem a comida e a água da vida. Trazida de volta à vida, Inana é lembrada de que, se desejar retornar do submundo, deverá providenciar um substituto para ocupar seu lugar. Em sua volta ao mundo superior, Inana passa pelos sete portões e recupera suas vestes reais, mas os demônios se agarram a ela para tentar recuperar seu bode expiatório. A última parte do mito envolve a busca por seu substituto, seu consorte Dumuzi, que, em vez de lamentar sua morte, assumiu o trono no lugar dela.

Se encararmos esse mito como uma metáfora da nossa própria vida, Ninshubur poderia ser entendida como a "aliada interior", que é uma testemunha justa de nosso processo, capaz de ver e agir em nosso nome, mesmo quando estamos em profundo desespero. Ela recorre aos deuses do céu e da lua em busca de ajuda. Ela busca os pais, que aparentemente têm todo o poder, mas são incapazes ou não estão dispostos a ajudar. Quando estamos sofrendo, muitas de nós primeiro procuramos conforto no lugar errado. Se não conseguimos receber de nossos pais o acolhimento e a aprovação de que precisávamos como filhas, vamos repetir esse padrão de esperar ajuda daqueles que são incapazes de proporcioná-la, até que aprendamos a recorrer a fontes mais acolhedoras de auxílio.[7]

A parte mais incrível de compartilhar, durante a jornada de Inana, é a ascensão. Tendo emergido do mundo inferior, sinto agora a presença de meu eu-criança. Ela está me chamando, está brincando de esconde-esconde comigo, ela está rindo.
— Diane Wolkstein

Ser despida em cada portão pode ser compreendido como uma humilhação do ego: um desprendimento daquelas falsas identidades a que nosso ego heroico se agarra num esforço de nos definir no mundo exterior – nossos papéis, nossas crenças sobre nós mesmas, nossos apegos e ilusões. Sacrificamos esses aspectos de nós mesmas, conscientes e voltados para fora, em nome de uma compreensão mais profunda de nosso inconsciente e de nossa natureza feminina. Esse mito nos mostra também como essas nossas partes sombrias e reprimidas podem se integrar à vida consciente através de reviravoltas emocionais e do luto, mudando nossa maneira de estar no mundo.[8]

Quando Inana faz sua descida, Eresquigal fixa nela o olho da morte e pendura seu cadáver em uma estaca para apodrecer. O analista junguiano

Murray Stein escreve sobre a importância de identificar o cadáver na vida de cada um, particularmente durante a meia-idade. Qual é a causa mais profunda de nossa sensação de perda? Que parte de nós está morrendo? Que sonho antigo ou identificação do eu tem que ser enterrado? Se não houver uma separação consciente dessa identidade anterior, o cadáver não é enterrado, mas escondido ou mantido artificialmente.[9] Se essa perda não se tornar consciente, perseveramos em manter um padrão antigo, mesmo depois que ele há muito tenha perdido sua utilidade e esteja efetivamente acabado. Às vezes precisamos de um aliado para nos ajudar a identificar o cadáver e enterrá-lo! A natureza da perda precisa ser compreendida e experimentada antes que a pessoa possa passar por uma renovação. Metaforicamente, isso é o que acontece quando Inana está pendurada na estaca para apodrecer.

Eresquigal é a parte da mulher que foi legada ao submundo no momento de sua separação inicial do feminino. Ela representa aquelas qualidades que reprimimos em nossa tentativa de nos encaixar na cultura dominante, particularmente aquelas qualidades decorrentes de nossa sabedoria corporal e emocional. No mito, Eresquigal expressa primeiro a raiva, depois destrutividade ativa, sofrimento e, enfim, gratidão pela escuta empática. Ao encontrar o aspecto Eresquigal de si mesma, a mulher enfrenta sua própria raiva não expressa, sua negação, sua tristeza, seu medo da perda e seu luto. Eresquigal exige que olhemos para aquelas partes de nós mesmas que não queremos ver: nossa passividade, a decepção ou culpa que projetamos sobre os outros, nossa avareza, arrogância, e assim por diante. Ela é o lugar tanto da morte quanto da nova vida adormecida, o ponto de destruição necessária e de cura.

Durante a descida, a mulher experimenta um período de introversão ou depressão, uma lenta e dolorosa autogravidez, na qual ela desfaz sua identificação com a consciência-ego e volta a um estado de saber corporal que precede as palavras. Ela pode experimentar uma sensação terrível de vazio, de ter sido moída e pulverizada. Ela pode se sentir órfã, sem lar, rejeitada, deixada para trás, sem valor. Como Deméter e Inana, essa mulher não dará nenhum fruto, nenhum produto. Ela pode se sentir nua e exposta, sem sexo, árida e crua. Ela pode sonhar em vagar por túneis subterrâneos, metrôs, labirintos, ventres e tumbas cuja saída ela luta para encontrar.

No sonho a seguir, eu me encontro lutando para sair da descida antes de entender meu propósito no mundo inferior.

Sonho que estou com minha filha em um túnel de metrô. Ela está me levando para um lugar de onde preciso voltar. Chegamos a um lugar que parece muito ameaçador. Perdemos nossa condução e vejo uma cama que pode ser usada como um veículo. Ela tem uma ignição que pode ser acesa com fósforos. Mando minha filha ir falar com um homem de quem talvez possamos comprar essa cama motorizada. Quando tento chegar à cama para acender a ignição, um homem com a barba por fazer tenta me impedir. Eu luto com ele e grito o nome de minha filha. Enquanto luto com meu agressor, ouço minha filha chamando meu nome; *ela* está em apuros. Eu me afasto do homem e consigo acender o motor da cama. Eu dirijo a cama através de um velho edifício decrépito e desço por uma passagem, fazendo a curva com o peso do meu corpo, deslocando-a para a frente e para trás, como se estivesse sobre um skate. Eu a conduzo até a praça onde minha filha foi atacada pelo homem com quem ela estava negociando a venda da cama. Eu a puxo para a cama e nós escapamos. Ela fica quieta, muda, decepcionada por eu não ter ido até ela quando ela chamou. Explico que estava tentando conseguir um veículo de transporte para nos levar para um lugar seguro, mas sinto que falhei com ela.

Nesse sonho, estou tão concentrada em conseguir um veículo para sair do túnel subterrâneo que não ajudo a minha "filha", que é meu próprio novo crescimento que está ocorrendo no mundo inferior. Eu não suporto a dor e a humilhação do ego que estou experimentando (enquanto passo por um segundo divórcio). Usarei qualquer meio de transporte, mesmo uma velha cama abandonada que eu tenho que acender com fósforos, para contornar meu desconforto. Estou disposta a sacrificar a natureza do meu sentimento na tentativa de encontrar uma solução heroica para o meu problema. Recuso-me a aceitar que não posso controlar as coisas no mundo inferior.

Esse período no "túnel" é uma experiência central que permite a semeadura de um novo mito pessoal. Clarissa Pinkola Estés escreve: "O avanço [da nova história] é vivido ao mesmo tempo que ocorre um colapso. A experiência central, como toda iniciação, envolve um ferimento."[10]

Se uma mulher é capaz de permitir que a descida seja uma iniciação consciente, encarada como um processo sagrado, ela não precisa se perder na escuridão. Ela precisará de paciência para se permitir o tempo e o esforço para descobrir o significado da experiência; caso contrário, os ensinamentos da descida se tornarão obscuros e não haverá renovação. A maioria de nós tenta se distanciar da dor e da humilhação sentida pelo ego na descida ao mundo inferior; no entanto, apenas um ato de entrega consciente e voluntária ao processo permitirá que a transformação ocorra.[11]

Voltando ao mito, Ninshubur finalmente vai até Enqui, o astuto deus da água e da sabedoria, que improvisa a solução que o momento exige. Enqui cria criaturas que não são nem macho nem fêmea para lamentarem ao lado de Eresquigal. Ela está em luto profundo e essas criaturas assexuadas sofrem com ela. Elas não imploram que ela *faça* nada; simplesmente permitem que ela *esteja* em sua dor. Elas cantam com ela as suas lamentações. Eresquigal sente-se ouvida e isso permite que ela aceite sua dor como ela é: como parte do processo natural da vida. Ela não precisa culpar ninguém; ela pode simplesmente estar com seu sofrimento e se curar naturalmente. Essa qualidade de empatia, de estar *com* a dor, ajuda a pessoa a atravessá-la. Não sabemos o resultado da descida nem as mudanças que ocorrerão, mas sabemos que "encontrar renovação e conexão com as forças potentes do mundo inferior envolverá a quebra do padrão antigo".[12]

Quando Eresquigal se sente ouvida, ela permite que galaturra e curgarra restaurem a vida de Inana. Inana é reanimada com comida e água para reabastecer sua alma. Ela empreende então seu retorno do mundo inferior na companhia de demônios e em busca de seu substituto. Inana encontra Dumuzi, seu consorte, seu igual, seu amado, sentado em seu trono, despreocupado com sua situação difícil. Quando ela o vê, fica furiosa e, como Eresquigal, fixa nele o olho da morte e ordena que ele seja levado para o mundo inferior. Ela sacrifica aquele que lhe é mais querido, que pode ser visto como uma atitude ou uma crença preferida ou o ideal da pessoa (por exemplo, que as coisas serão fáceis e inocentes).[13]

A deusa Inana então chora a perda de seu amado, assim como Gestinana, a irmã de Dumuzi. Por amor e em luto pela perda de seu irmão,

Gestinana suplica a Inana para deixá-la tomar o lugar de Dumuzi no submundo. Inana se comove tanto com sua proposta de sacrifício consciente que lhe permite compartilhar o tempo de Dumuzi no mundo inferior: cada um passará seis meses no submundo e seis meses sobre a terra. Gestinana é uma mulher sábia, em contato com seus sentimentos, humilde e consciente de seu sacrifício. Ela se oferece à sua amiga Inana por amor a seu irmão. Ela está disposta a suportar o ciclo de descida-subida-descida, acabando com o padrão de bodes expiatórios ao escolher enfrentar ela mesma o mundo inferior.[14]

Quando voltamos da descida, temos que aprender a estar com a escuridão à medida que avançamos em nossa jornada. Precisamos segurá-la com as mãos abertas, sem nos apegar ao sofrimento, mas honrando o mistério dessa descida. Se aprendermos a abraçar as sombras como um ente querido, podemos construir uma amizade com a dor enquanto ganhamos sabedoria com ela. Então seremos capazes de sentir gratidão por seus ensinamentos. Confiar no mistério da manifestação é um dos ensinamentos profundos da jornada feminina.

No poema "Eu venho de uma casa escura", Fiona O'Connell escreve:

> Ao meio-dia, nas planícies onde não há árvores
> a luz é impiedosa. Os ossos estão lá, secos,
> não numerados, não contabilizados,
> fora do tempo conhecido osso do osso de Deus,
> ossos femininos sem memória de ser
> fundamento, pilar, lintel, soleira ou viga de telhado
> de qualquer choupana ou castelo, ou de ter
> de manter a verdade cega de ser
> através dos tempos de qualquer uma de nossas vidas.
> Não posso dizer a estes ossos, espalhados
> pelos quatro cantos, dispersos e sem
> memória, "Falem comigo". Como
> eles poderiam me ler? Nada de mim é coerente.
> Eu venho de uma casa escura, sombreada demais
> para que eu possa sair para as planícies ao meio-dia.[15]

Imaginação ativa: a descida

Mencionei na introdução que as mulheres que participam de oficinas sobre a jornada da heroína muitas vezes ficam irritadas, na defensiva e zangadas no dia em que começamos a descida. Vale a pena repetir aqui minha advertência: pode ser que, ao trabalhar com o material deste capítulo, você sinta vontade de fechar o livro e interromper o processo. Não faça isso. Seja gentil consigo mesma e respire fundo. Prepare uma xícara de chá ou saia para dar uma caminhada. Apoie a si mesma com amor e compaixão. Nunca se julgue. Seja paciente com o seu processo e se comprometa a trabalhar as questões da descida no seu próprio ritmo.

O espírito pode voar para o céu, mas a alma deve ir para suas profundezas, para o solo de si mesma. Alma para o solo.

– RHODA LERMAN

Você deve recordar que, no mito de Inana e Eresquigal, Inana pediu à sua serva, Ninshubur, que fosse a justa testemunha de sua descida e que chamasse os deuses caso ela não voltasse em três dias. Ao iniciar sua descida ao mundo inferior, invoque uma parte de si mesma como aliada para ser a testemunha justa de sua viagem. Esse exercício é longo e intensivo; você pode desejar fazê-lo em uma sessão ou preferir dividi-lo em um período de duas semanas, um portão de cada vez.

O álbum *Totem*, de Gabrielle Roth, é um bom acompanhamento musical para este exercício.

Agora feche os olhos e concentre-se em sua respiração. Toda a sua atenção está no ar entrando e saindo de suas narinas. Respire fundo três vezes e mentalize que, a cada expiração, seu corpo fica mais relaxado. Agora imagine que você, como Inana, está prestes a fazer sua descida para o mundo inferior para encontrar sua irmã das trevas, Eresquigal. Você se prepara para sua viagem vestindo suas melhores roupas, inclusive sua coroa, o manto real e suas joias. Você parte por um caminho que começa a descer em espiral e, à distância, vê um portão que você mesma criou. Diante dele um porteiro a aguarda.

Quando você se aproxima, o porteiro olha dentro dos seus olhos e pergunta: "O que você quer?" Você responde: "Viajo para o mundo inferior para encontrar minha irmã, a deusa Eresquigal." O porteiro a deixa no portão e segue até o submundo para anunciar sua chegada. Eresquigal diz que você deve se submeter aos mesmos ritos que todos os outros que entram no mundo inferior. Você deve chegar nua e curvada.

O porteiro retorna para informá-la da ordem dada por Eresquigal e pede que você retire sua coroa e seu véu. Você se levanta e retira sua coroa, entregando-a ao porteiro. Como é a coroa? O que ela significa para você? Será que a coroa representa seu apego à sua mente e o que ela lhe diz sobre você? Qual é a sensação de tirar sua coroa? Você está pronta para renunciar a ela? O porteiro aceita sua coroa, faz uma reverência diante de você, e abre o portão. Você cruza o limiar e continua pelo caminho, indo cada vez mais fundo. (Pausa. Neste ponto talvez você queira escrever ou desenhar os insights e imagens que forem surgindo durante essa primeira parte do exercício. Pense nas coisas de que você abriu mão e no que isso significou para você. Se preferir prosseguir com o exercício, faça uma pausa antes de viajar para o próximo portão.)

No portão seguinte, o porteiro pede que você retire seu colar. Como ele é? É feito de contas, é uma joia, um simples fio de prata ou de pérolas? É pesado? O que ele significa para você? Poderiam ser as vozes culturais e familiares que lhe dizem quem você deve ser? Ou talvez seja a sua necessidade de aprovação externa? Qual é a sensação de soltá-lo neste momento? O porteiro aceita o colar, se curva diante de você e abre o portão. Você cruza o limiar e continua pelo caminho.

O porteiro seguinte pede que você retire seu manto ou sua túnica. De que cor ele é? Como é sua textura? Qual é seu peso? O que essa peça significa para você? Poderia ser sua persona pública – a boa garota de sorriso constante, sempre eficiente? Ou talvez a sua necessidade de poder e status? Qual é a sensação de retirá-la? O porteiro recebe seu manto e abre o portão. Você cruza o limiar e prossegue em sua descida.

No quarto portão, o porteiro pede que você tire sua blusa e a camiseta de baixo. De que cor elas são? De que tipo de material? Elas protegeram seus seios, seu coração? O que elas representam para você? Poderiam ser as formas pelas quais você feriu seu coração? Talvez você tenha experimentado sentimentos negativos como vergonha, culpa ou raiva de si mesma. Qual é a sensação de tirá-las? O porteiro aceita sua blusa e sua camiseta, se curva, e você continua sua jornada.

No portão seguinte, o porteiro pede que você tire seus anéis e pulseiras. Como são seus anéis e o que eles significam para você? Quem os deu a você? Talvez seus anéis e pulseiras representem seu apego a certas pessoas em sua vida? Será que significam seu papel de esposa, amante, filha, irmã? Como você se sente ao tirá-los? É fácil ou difícil abrir mão deles? Você entrega tudo ao porteiro e segue seu caminho.

No sexto portão, o porteiro pede que você retire sua saia e roupa de baixo. De que cor e estilo é sua saia? Que tipo de roupa de baixo você veste? Qual o significado de sua saia e de sua roupa íntima para você? Talvez representem seu apego à sua sexualidade ou feridas sexuais? O porteiro aceita suas roupas, faz uma reverência diante de você e abre o portão. Você cruza o limiar e continua no caminho em espiral, indo cada vez mais fundo no mundo inferior.

No sétimo portão, o porteiro pede que você tire os calçados. Como eles são? Que sensação lhe trazem? São confortáveis? São apertados? O que significam para você? Talvez representem sua conexão com seu corpo e a terra, ou a forma como você se move pela vida? Você é movida pelas exigências do ego ou se move com graça e equilíbrio? Como você se sente ao abrir mão de seus calçados? O porteiro os apanha, se curva diante de você e abre o portão. Você caminha pela escuridão e entra no mundo inferior para encontrar Eresquigal.

Eresquigal espera por você. Nua, você se aproxima dela com cautela. Está escuro, mas você olha de perto, querendo ver o rosto da irmã. Como ela é? Quem ela lembra a você? Quem é ela? Você se curva diante da Deusa das Trevas, consciente do poder que ela tem. Ela lhe dirige um olhar penetrante. Você vê quanto ela sofreu. Nesse momento, você sabe que a abandonou e que também abandonou a si mesma. Ela estende a mão e fixa em você o olho da morte.

Ela a pendura em uma estaca para apodrecer. Você sente a seiva da vida sendo drenada. Você não passa de um saco de ossos e se sente vazia e sozinha. Você chora e ela também. Você se entrega. (Faça uma pausa e respire profundamente com a música ao longo de vários minutos. Aspire vida para aquelas partes de si mesma que você rejeitou, descartou e abandonou. Leve o tempo que for necessário.)

Finalmente, você começa a se sentir restaurada. Você expressa sua gratidão e promete à sua irmã das trevas que jamais a abandonará novamente.

Ela lhe lembra de nunca mais abandonar a si mesma. Como você se sente quando ela lhe diz isso?

Ela lhe diz que está na hora de fazer seu retorno. Ela a aconselha a recuperar somente as partes de si mesma que você está disposta a honrar. Ela a abraça e pergunta se você está pronta para partir. Como você se sente ao despedir-se? (Pausa.)

Você começa sua longa jornada para sair do mundo inferior. O caminho é sombrio, mas se eleva em espiral. Há uma luz fraca brilhando à distância. Um porteiro espera por você e lhe entrega seus calçados. Ao colocá-los, você percebe que a sensação é diferente. Quando passa pelo portão, o que você recupera? Talvez sua conexão positiva com seu corpo, sua saúde e a terra. (Pausa.) O porteiro se curva e abençoa seu retorno.

No sexto portão, o porteiro lhe entrega sua saia e sua roupa de baixo. Ao colocá-las, você percebe como elas vestem. O que você deseja recuperar? Talvez seu amor e seu apreço por sua saudável sexualidade, sua certeza de que você tem uma escolha. (Pausa.) Você passa pelo portão e continua subindo.

No portão seguinte, o porteiro lhe entrega seus anéis e suas pulseiras. Você pega de volta apenas aqueles que ainda deseja usar. Que pessoas e que papéis você quer em sua vida? Como você se sente ao escolher relacionamentos saudáveis? Como você se sente ao deixar alguns deles para trás? (Pausa.) O porteiro se curva enquanto você passa pelo portão.

No quarto portão, o porteiro lhe entrega sua camiseta e sua blusa. Perceba como parecem mais leves ao vesti-las. Que sentimentos positivos a seu respeito você está disposta a recuperar? Talvez agora você celebre a si mesma ao passar pelo portão. (Pausa.)

Você continua para o terceiro portão, onde o porteiro lhe entrega seu manto ou sua túnica. Você o coloca sobre os ombros e dá uma voltinha. Você recupera quem quer ser no mundo, a pessoa autêntica, não a persona, a máscara que um dia usou. O porteiro se curva à sua frente e você viaja para o portão seguinte. (Pausa.)

No segundo portão, o porteiro coloca seu colar em suas mãos. Qual é a sensação? Como ele é? Ao prendê-lo ao pescoço, o que você recupera? Talvez você encontre sua voz própria. Você fala em voz alta frases motivadoras, tais como: "[seu nome], você é forte, você é amada." O porteiro sorri e abre o portão.

No portão final, o porteiro a espera com sua coroa. Ao colocá-la sobre a cabeça, você se sente diferente. As vozes que competiam em sua mente se aquietaram. O porteiro a reconhece como rainha e se curva diante de você. Ao cruzar o limiar para o mundo superior, você tem mais compreensão de si mesma e um apreço mais profundo por sua jornada. Você fez sua descida e retornou com mais de si mesma, intacta. Você tem uma enorme gratidão por Eresquigal, sua irmã das trevas.

Caminhe, dance e celebre seu novo ser.

Perguntas para escrever e refletir

* Quem foi seu aliado ou aliada? Essa pessoa a acompanhou em sua viagem ou esperou seu retorno?
* Você reconheceu algum dos porteiros como alguém da sua vida desperta ou de seus sonhos? Os porteiros eram aspectos seus? Que função os porteiros desempenhavam?
* Qual foi sua experiência de estar com Eresquigal, sua irmã das trevas? Quem era ela? Foi difícil deixá-la? Que promessa você fez a ela e a si mesma?
* A cada passo da jornada, do que você abriu mão, o que recuperou e o que tudo isso significou para você?

Escreva, desenhe, pinte ou narre em áudio sua descida e seu retorno.

Exercício de escrita

Identifique as perdas físicas e emocionais que você sofreu ao longo da vida, suas decepções e seus sonhos não realizados, seus papéis e os relacionamentos que foram alterados ou que chegaram ao fim. Como você lida com tudo isso?

Ritual de ruptura: pacotes de perdas

O ritual é uma das faculdades que temos – como sonhar –, que nos permite estabelecer um fluxo de comunicação entre a mente consciente e o inconsciente. Um ritual altamente consciente envia uma mensagem poderosa de volta ao inconsciente, provocando mudanças nos níveis profundos, onde nossas atitudes e valores se originam. O ritual proporciona uma comunicação profunda com nossa alma, despertando nossa vida espiritual e nosso fascínio.[16]

Uma coisa que nosso inconsciente não tolera é fugirmos da nossa responsabilidade. O inconsciente nos empurra para um sofrimento atrás do outro, uma confusão impossível atrás da outra, até que finalmente estejamos dispostos a despertar, ver que somos nós que estamos escolhendo esses caminhos impossíveis e assumir a responsabilidade por nossas próprias decisões.

– Robert A. Johnson

Para este ritual, você precisará de papel, canetas, tiras de pano preto e linhas ou fios de lã vermelhos. Você pode escolher fazer este ritual em grupo ou sozinha, com um amigo ou amiga que esteja disposto a ser uma testemunha justa. Você pode começar limpando a área do ritual, queimando sálvia para purificá-la, invocando orientação espiritual e deixando clara sua intenção de criar um espaço sagrado.

Agora que você completou o exercício da descida e examinou atitudes ou comportamentos repetitivos que perderam o sentido, vamos ritualizar esse processo. Você já identificou as perdas físicas e emocionais que experimentou ao longo da vida, suas decepções e sonhos não realizados, além dos papéis e relacionamentos que foram alterados ou chegaram ao fim. Neste ponto, é importante que você reconheça qualquer padrão em sua vida que não lhe sirva mais. Talvez seja de apego, culpa, raiva, ressentimento, de viver uma fantasia ou sentir-se presa por sua própria passividade.

Escreva os padrões repetitivos que vê em sua vida. O que você está disposta a soltar agora para não ter mais que carregar pela vida? Escolha aquele que melhor represente o que você precisa romper para poder continuar seu crescimento e desenvolvimento.

Escreva esse padrão em um pequeno pedaço de papel, amarre com o pano e com o fio vermelho. Ao fazer isso, saiba profundamente em seu coração que você está disposta a abrir mão disso. Saiba também que sua determinação será testada; isso sempre acontece quando você faz um ritual de ruptura. Preste atenção em como você será testada nos próximos dias e semanas. Agora, quando estiver pronta, fale sua intenção em voz alta, como nos exemplos a seguir, e depois queime seu pacote de perdas ou enterre-o.

Eu, _seu nome_, estou disposta agora a me libertar da minha dependência de meu marido e de minha relutância em abraçar plenamente meu próprio destino.

Eu, _____, estou disposta agora a parar de culpar os homens da minha vida pela vergonha que sinto em meu corpo.

Eu, _____, estou disposta agora a deixar para trás o medo e o ressentimento que sinto por ter sido engolida por minha mãe.

Eu, _____, estou disposta agora a deixar para trás meu anseio pelo homem indisponível.

Eu, _____, estou disposta agora a libertar meus filhos para que eles vivam a própria vida.

Exercício do cadáver

Este exercício é outra forma de se libertar de um padrão ou atitude prejudicial que lhe cause dor. Molde a figura de um cadáver de barro e outros elementos naturais, tais como paus, pedras e gramíneas. Enquanto estiver fazendo isso, identifique a fonte exata e mais profunda de sua dor e de sua sensação de perda, e coloque isso em sua figura de barro. Talvez você venha se culpando por não poder ter filhos ou por não alcançar os objetivos de carreira que planejou para si mesma. Saiba do que você está disposta a se libertar enquanto molda a figura.

Deixe a figura do cadáver secar e sele-a com cola branca, cobrindo toda a superfície. Pinte ou decore a figura como desejar. Em seguida, realize uma cerimônia para iniciar o processo de desapego, vivendo o luto e enterrando a figura. Da mesma forma como fez antes ao realizar a cerimônia, limpe primeiro o espaço ritual, queimando sálvia para purificá-lo, invoque orientação espiritual e declare sua intenção de livrar-se dessa perda. É importante que a natureza da perda seja compreendida e trabalhada antes de dar sequência ao ritual.

Interpretação de sonhos

O analista junguiano Robert A. Johnson sugere que, ao interpretar seus sonhos, você se faça as seguintes perguntas:

* Qual é a mensagem central mais importante que este sonho está tentando me comunicar?
* O que ele está me aconselhando a fazer?
* Qual é o significado geral do sonho para minha vida?
* Qual é a visão mais importante que este sonho está tentando me transmitir?[17]

Anote a sua interpretação e veja se ela faz sentido para você. Ela corresponde a alguma coisa que está acontecendo na sua vida?

Escolha uma interpretação que desafie suas ideias já existentes, não uma que meramente repita algo que você pensa que já sabe. Às vezes você terá sonhos que lhe enviarão a mesma mensagem básica repetidas vezes; nesse caso, é provável que isso ocorra porque você não entende a mensagem ou se recusa a colocá-la em prática.[18] Qual é a mensagem que você não quer ouvir?

Evite uma interpretação que infle seu ego ou tire a sua responsabilidade. Seus sonhos não lhe contam como outra pessoa está errada ou precisa mudar: eles têm a ver com *você*. E lhe mostram o que você precisa enfrentar ou as áreas de sua vida que você precisa mudar.

Aprenda a conviver com o sonho ao longo do tempo. Normalmente, um sonho pode ser compreendido em relação a eventos específicos de sua vida interior nos últimos dias, embora às vezes você possa ter um "grande" sonho. Esse tipo de sonho lhe dará um vislumbre do que aconteceu no passado, do que está acontecendo no presente e do que poderá acontecer no futuro.[19] Às vezes, eles aparecem em uma série de três.

Nem sempre você será capaz de encontrar uma interpretação que lhe pareça certa; seja paciente com a ambiguidade do sonho assim como você precisa ser paciente com a incerteza da vida.[20] À medida que você conviver com o sonho, seu significado se tornará mais claro.

É importante rever seus sonhos pelo menos uma vez ao ano, assim será possível observar como eles têm funcionado como mapas para seu crescimento interior e sua vida exterior.

REGISTRE TODOS OS SEUS SONHOS ENQUANTO ESTIVER EXPLORANDO ESTE CAPÍTULO.

4

Anseio urgente pela reconexão com o feminino

A espera do feminino está e sempre esteve presente, nascida com o feminino, sempre viva no feminino. Foi a espera da própria criação, a espera que está no coração do tempo, onde, a partir de um anseio, as estrelas são feitas e a criança se forma e nasce. Como alguém poderia não saber que toda a vida e o crescimento e toda a luz e o brilho que, no início, saíram das trevas foram feitos desta espera?
– Laurens van der Post, *About Blady*

Depois que uma mulher realizou sua descida e rompeu sua identidade como filha espiritual do patriarcado, há um anseio urgente por se reconectar com o feminino, quer isso tome a forma de uma mulher idosa, da Deusa ou da garotinha dentro dela. Esse desejo de conhecer o feminino em um nível profundo é ilustrado no sonho a seguir, no qual a figura central é uma mulher arquetípica sábia preparando o alimento. A sonhadora leva a ela a oferenda de um cálice, que é um símbolo do ventre feminino criativo. Ela reconhece e honra a Grande Mãe e recebe seu acolhimento. Há uma comunhão com as outras mulheres.

Sonho que embarco em um veleiro antigo ou numa embarcação de pesca onde uma velha senhora prepara uma refeição sobre uma tábua de madeira erguida no centro do barco. Há duas mulheres mais jovens em pé, uma de cada lado dela, ajudando-a. Eu carrego algo a bordo que se parece com uma urna coberta ou um cálice e dou a ela. Eu como com os dedos a comida que ela prepara. As outras mulheres pegam a comida com pão sírio. Sinto como se o sonho fosse um ritual antigo.

Durante essa etapa da jornada da heroína, a mulher deseja ser orientada por mulheres mais velhas, celebrar o feminino em rituais com mulheres, estar atenta aos ritmos de seu próprio corpo, entrar em sintonia com os ciclos da natureza e da lua e passar tempo em meio à natureza. É o momento de dar ouvidos aos sonhos e à intuição e de expressar sua criatividade. É quando a mulher se torna mais ciente de sua consciência feminina e a define para si mesma. Ela também reconhece o próprio corpo como o recipiente sagrado de sua alma.

Ela anseia por desenvolver aquelas partes de si mesma que foram para o subterrâneo enquanto ela estava em sua busca heroica. Se a mulher ignorou seus sentimentos enquanto servia às necessidades da família ou da comunidade, ela pode agora lentamente começar a recuperar as próprias emoções. Se passou muitos anos afinando seu intelecto e seu comando do mundo material enquanto ignorava as sutilezas de seu conhecimento corporal, ela pode agora ser lembrada de que sua mente, seu corpo e seu espírito são uma coisa só.

Muitas mulheres experimentaram tanto desconforto por viver dentro de um corpo feminino que abusaram dele com comida, álcool, drogas, exercícios ou excesso de trabalho para exorcizar o mal-estar de terem nascido mulher. Se uma filha se tornou identificada com o masculino num esforço para agradar ao pai, como eu fiz, ela enfatizou o desenvolvimento da mente e do intelecto e rejeitou seu corpo feminino (em vários graus de consciência – por exemplo, a autocrítica constante é uma forma de rejeição). Ela esqueceu como ouvir os próprios desejos e necessidades. O corpo é inteligente; sabe quando tem fome e sede, quando precisa de descanso, quando quer se exercitar, quando quer sexo ou não e quando está fora de equilíbrio. Muitas de nós, entretanto, fomos treinadas para ignorar e neutralizar a comunicação do corpo.

Se a mãe da mulher não se identificava com o próprio corpo ou se fazia comentários depreciativos sobre sua sexualidade ou sobre a sexualidade de outras mulheres, ela provavelmente não foi capaz de valorizar o corpo feminino de sua filha bebê.[1] Algumas mulheres contam às filhas histórias de horror sobre sua primeira experiência sexual ou sobre as dores do parto, de forma que muitas meninas temem a sexualidade, odeiam o próprio corpo e lentamente se afastam de seu conhecimento instintivo.

Entretanto, quando uma mulher retorna da descida, ela retoma o próprio corpo e, nessa retomada, não apenas pega de volta sua forma física pessoal, como também incorpora a sacralidade do feminino para todas nós. Ela começa a tornar conscientes suas necessidades. Por meio da alimentação consciente, de exercícios, banhos, do repouso, da cura, do sexo e do parto, ela nos lembra a santidade do feminino. Para muitas mulheres, inclusive para mim mesma, os momentos mais sagrados foram os físicos: ser abraçada, fazer amor, amamentar uma criança. Nada me aproximou mais do êxtase do sagrado do que dar à luz.

Marion Woodman escreve: "O feminino nos leva ao gume afiado da experiência. Ali, precisamos sentir nossos sentimentos em nosso corpo; ali, nossos segredos se tornam visíveis nos cantos escuros e não visitados de nossa psique. Reivindicar os cantos não varridos de nossa psique nos leva à compaixão por nós mesmas e pelos outros. Saber que fizemos o nosso melhor e que simplesmente não foi o suficiente abre nossos corações para outros seres humanos que deram o melhor, mas também falharam. A mente tem sua lógica; só o coração pode conhecer a sabedoria, construir pontes, fazer as pazes."[2]

Ruptura corpo-espírito

Historicamente, a conexão entre corpo e alma foi destruída com a deposição da Deusa Mãe. Só agora, com a ameaça de destruição da Mãe Terra, essa conexão está sendo recuperada. Quando a humanidade esqueceu a santidade da terra e começou a adorar seus deuses nas igrejas e nos templos, e não nos bosques e nas montanhas, perdeu a sagrada relação "Eu-Vós" com a natureza. Perdemos a sensação de sacralidade encarnada em todos os seres vivos, árvores, rochas, oceanos, quadrúpedes, pássaros, crianças, homens e mulheres. Com esse desprezo pela santidade da natureza veio a negação da santidade do corpo. Mas nem sempre foi assim.

Quando o corpo da mulher era equivalente ao corpo da Deusa, a mulher era o receptáculo para o milagre da vida. Durante a Idade Média e, em especial, desde a Revolução Industrial e a deificação da máquina, o corpo físico tanto das mulheres quanto dos homens – assim como a Mãe Terra – sofreu e ainda sofre abuso sexual e físico. O corpo foi levado para além dos limites de força e resistência, e obrigado a se moldar às expectativas culturais de tamanho, formato e beleza em nome dos interesses da ganância humana. O aviltamento do corpo feminino vem sendo expresso em tabus culturais e religiosos em torno da menstruação, do parto e da menopausa, mas também se reflete nas estatísticas que documentam casos de estupro, incesto e pornografia. A sacralidade do corpo feminino, o reconhecimento da sacralidade envolvida, foi perdida quando as pessoas começaram a adorar os deuses paternos. A reverência e a fertilidade outrora concedidas à mulher menstruada foram legadas para o subterrâneo juntamente com a Deusa. Em sua ausência, algumas mulheres esqueceram a profunda sabedoria de seu corpo e os mistérios da sexualidade feminina. As mulheres *sabem* com o corpo.

> *Não foi por buscar conhecimento que Eva foi expulsa do Jardim do Éden; foi por buscar a própria alma.*
>
> – SUZANNE BUSSARD

Jean Shinoda Bolen afirma: "Quando sabemos algo em nosso corpo assim como em nossa mente e no coração, então sabemos algo profundamente sobre nós mesmas, e é essa dimensão que está fora de equilíbrio em nossa civilização cristã e em nossa psicologia de influência cristã. Trata-se de uma psicologia paterna e de uma teologia paterna, em que a mente, interpretações e palavra constituem a experiência transformadora, mas isso não é válido para as mulheres."[3]

À medida que os arqueólogos foram descobrindo culturas antigas baseadas nos princípios de fertilidade da Deusa, as mulheres começaram a reivindicar o poder e a dignidade que outrora lhes eram concedidos quando o papel da mulher era proteger a vida humana e a sacralidade da natureza. Imagens antigas de mulheres fortes dando à luz oferecem um modelo de participação na sociedade e representam uma época em que a vida interior era tão valorizada e tão real quanto a interação com o mundo exterior. Tomar consciência da Deusa na vida cotidiana envolve revelar nossa aprovação tácita e nosso serviço inconsciente ao patriarcado em nossa vida pessoal e em situações de trabalho e nos colocar num relacionamento correto com a Terra. Isso se traduz em escutar a nós mesmas e agir de acordo com a nossa verdade; em ser mais atentas e responsáveis em relação ao presente em vez de nos concentrar em planos quinquenais; em resgatar valores femininos de cooperação, e não de competição, seja no ambiente doméstico, seja no local de trabalho; e em desenvolver relacionamentos com homens e mulheres que lhes permitam ser tudo o que eles realmente são.

A separação original do feminino ocorreu quando a primazia da Deusa deu lugar à subordinação aos deuses masculinos.
– Judy Chicago

A mulher como criadora

A mulher que tenha realizado a descida experimentou o aspecto devorador e destruidor do feminino, que está a serviço da morte e da renovação de si mesma. Após a secura e a aridez experimentadas durante essa separação da vida "superior", ela anseia pelo aspecto úmido, verde e suculento da criatividade feminina. A mulher que se sentiu separada de sua natureza pode lentamente começar a recuperar quem ela é, ao sentir sua criatividade começar a fluir. Essa renovação pode ocorrer no jardim, na cozinha, na decoração da casa, no relacionamento, na tecelagem, na escrita ou na dança. Seu senso estético e sua sensualidade ganham vida quando ela é estimulada por cores, cheiros, paladar, tato e som. Antonia, uma mulher de 40 e poucos anos, teve o seguinte sonho durante esse período:

Estou em minha casa com meu professor de tai chi. Ele abre meu armário e há um enorme e belo tigre branco sentado em seu ambiente nativo, mas dentro do armário. O espaço é verde e exuberante. Meu professor de tai chi diz: "Você não deveria ter um animal selvagem com você, pode ser perigoso." Eu respondo: "Eu não o trouxe para cá; ele se materializa sempre que estou focada e concentrada."

Antonia acordou orgulhosa do tigre branco. O exuberante ambiente em que o tigre se encontrava no sonho indica a qualidade do feminino que é verdejante, vivo e profundamente acolhedor. Essa é a qualidade que almejamos ao retornar da descida. A sonhadora não está à procura desse tipo de poder curativo; porém, ele está disponível sempre que ela estiver aberta e focada. Ela não precisa temer que esse poder seja perigoso para si mesma ou para os outros; quando concentrado, esse poder é profundamente acolhedor.

Isso fala da qualidade do feminino que permite que tudo aconteça de acordo com o ciclo natural das coisas. As pessoas que trabalham com níveis profundos do inconsciente nos sonhos, na terapia e no processo criativo sabem que há fases tanto de quietude quanto de renovação que devem ser respeitadas e protegidas e receber o tempo necessário. As "filhas do pai", como eu, têm dificuldade em *permitir* que as coisas aconteçam. Pensamos que precisamos *fazer* as coisas acontecerem. A espera e a incerteza do resultado podem criar uma enorme ansiedade para alguém como eu. Mas eu também sei que não posso forçar o nascimento. Devo suportar o processo porque estou gestando algo novo.

O conto a seguir, "A donzela sem mãos", ilustra a necessidade de dar tempo para que a renovação ocorra depois que a mulher se separou de sua natureza feminina criativa e fez sua Descida. Ela precisa ir para dentro, ou "vagar na floresta", para recuperar as partes de si mesma que foram sacrificadas: sua sexualidade, sua criatividade, sua intuição e seu potencial como mulher. Somente então ela poderá dar à luz algo novo.

A donzela sem mãos

Nesse conto dos Irmãos Grimm, que fala sobre sacrifício e perda entre um pai e sua filha, um moleiro que enfrenta tempos difíceis é enganado por um desconhecido na floresta e é convencido a trocar "o que está atrás de seu moinho" por um tesouro que lhe devolverá sua riqueza.[4] O desconhecido diz: "Por que você se dá ao trabalho de cortar madeira? Eu o tornarei rico se me prometer o que está atrás de seu moinho." O moleiro aceita o trato, pensando que o que está atrás de seu moinho é uma macieira.[5] O desconhecido então lhe diz que voltará dali a três anos para cobrar o que lhe é devido. Quando o moleiro volta do bosque para casa, ele vê riquezas incalculáveis surgindo dentro de seu lar, mas, quando conta à sua esposa sobre o desconhecido com quem fez negócio, ela o repreende por sua tolice. "Deve ter sido o Diabo!", exclama ela, horrorizada. "Ele não se referia à macieira, mas sim à nossa *filha*, que estava atrás do moinho varrendo o pátio."[6]

A filha dispõe de três anos antes que o Diabo venha reivindicá-la e, durante esse tempo, ela vive uma vida piedosa. No dia em que o Diabo vem buscá-la, a jovem toma banho, veste-se de branco e desenha um círculo de giz ao redor de si mesma. Quando o Diabo vê o balde de água que ela usou para se lavar, ele não pode se aproximar dela e diz com raiva ao moleiro: "Tire toda a água de perto dela para que ela não possa mais se lavar, senão eu não terei poder sobre ela."[7]

Com medo, o moleiro obedece e, na manhã seguinte, o Diabo retorna para buscar a jovem. Dessa vez ela chorou sobre as próprias mãos e, portanto, mais uma vez, ele não consegue se aproximar dela. Furioso, o Diabo ordena ao moleiro que corte as mãos de sua filha ou ele próprio, o moleiro, é quem será levado. O pai fica apavorado com esse pedido, mas mesmo assim concorda. Com medo e vergonha, ele vai até ela e diz: "Minha filha, se eu não cortar suas duas mãos, o Diabo me levará embora e, em meu terror, prometi fazer isso. Ajude-me na minha necessidade e perdoe-me o mal que lhe faço." Ao que a filha responde: "Querido pai, faça comigo o que quiser; sou sua filha."[8] A donzela coloca as mãos sobre o bloco de corte e seu pai corta-lhe as mãos. O Diabo volta pela manhã, mas ela chorara a noite toda sobre os cotos e, mais uma vez, ele não pode se aproximar dela. Tendo falhado pela terceira vez, é obrigado a renunciar a todos os direitos sobre a jovem.

O moleiro diz à sua filha que, por ter recebido grande riqueza como resultado do sacrifício, cuidará muito bem dela. Ela recusa sua oferta, dizendo-lhe que não pode mais ficar com ele. "Aqui eu não posso ficar, seguirei adiante e pessoas compassivas me darão o que eu precisar para meu sustento."[9] Ela pede que suas mãos mutiladas sejam amarradas às suas costas e vai embora.

A donzela caminha e caminha até o anoitecer, quando chega a um jardim real, cheio de pereiras. Entretanto, ela não pode entrar no jardim porque ele está cercado por um fosso. A essa altura, ela está morrendo de fome, então cai de joelhos e começa a rezar. Eis que um espírito vem até ela e seca o fosso. A donzela então caminha até uma das pereiras e, de pé, com as mãos presas às costas, coloca os lábios em uma das peras douradas e a come. Tudo isso é testemunhado por um jardineiro que observa com admiração, reconhecendo a magia do espírito que guarda a donzela.

Na manhã seguinte, o rei vai até o jardim contar suas peras douradas e, quando percebe que uma desapareceu, pergunta ao jardineiro o que aconteceu. O jardineiro responde que um espírito drenou o fosso e outro espírito sem mãos comeu a pera. O rei decide então permanecer vigiando à noite com o jardineiro, levando consigo também um mago capaz de se comunicar com os espíritos.

À noite, os três homens esperam embaixo da árvore e, à meia-noite, a donzela e o espírito retornam. A donzela mais uma vez come uma das peras douradas e o mago se aproxima dela, perguntando se ela é mortal ou um espírito. A donzela responde que é uma mortal abandonada por todos, menos por Deus. O rei então corre até ela e lhe diz: "Eu não a abandonarei." Ele a leva para seu palácio real, prende em seus braços um par de mãos feitas de prata e se casa com ela.

Após um ano, o rei tem que partir para a guerra e deixa sua jovem rainha, a quem ele muito ama, aos cuidados de sua mãe: "Se ela der à luz uma criança, mande-me uma mensagem imediatamente", pede ele.

A jovem rainha dá à luz um filho, e a mãe do rei envia um mensageiro para dar a boa-nova ao rei. No caminho, o mensageiro descansa perto de um rio e, enquanto ele dorme, o Diabo vai até ele e troca a carta por outra, na qual havia escrito que a rainha dera à luz um filho metade cachorro.

O rei fica horrorizado com a mensagem, mas escreve de volta, afirmando que sua mãe deve cuidar bem da rainha nesse momento terrível. O mensageiro mais uma vez adormece perto do rio e o Diabo substitui a carta por uma que diz: "Mate a rainha e seu bebê."

A velha mãe fica atordoada com a carta do rei e lhe envia outra mensagem para confirmar. Mas ela nunca recebe uma resposta diferente, porque o Diabo continua interceptando as mensagens no rio e as modificando. Na última carta do rei, ele a instrui a guardar a língua e os olhos da rainha para provar que ela foi morta.

A velha mãe, que se apegou muito à jovem rainha, não suporta a ideia de matá-la. Ela manda sacrificar uma corça e guarda a língua e os olhos do animal. A mãe do rei então ajuda a jovem rainha a amarrar seu filho ao peito e se despede dela com lágrimas nos olhos.

A jovem rainha vaga até chegar a uma grande floresta selvagem e começa a percorrê-la com cautela. Ao cair da noite, o mesmo espírito que havia aparecido para ela anos antes, no jardim real, vem e a conduz a uma pequena casa, onde ela é recebida pelo povo da floresta. A rainha permanece lá por sete anos e leva a vida com seu filho. Gradualmente, suas mãos começam a crescer de volta: primeiro como pequenas mãos de bebê, depois como mãos de menina e, finalmente, como mãos de mulher.[10]

Na mesma época, o rei volta da guerra e sua mãe o censura por suas cartas: "Como pôde me obrigar a matar dois inocentes?" Ela lhe mostra a língua e os olhos que ele havia pedido em sua carta, e o rei começa a chorar inconsolável por sua esposa e seu filho. Ele chora tão amargamente que sua mãe se apieda dele e lhe conta que são os olhos e a língua de uma corça e que ela mandou sua esposa e seu filho para a floresta.

O rei então se compromete a viajar até o fim do mundo, sem comer nem beber, até encontrar sua esposa e seu filho. Ele parte numa busca de sete anos, procurando em todos os lugares – o tempo todo em jejum, mas sustentado por uma força maior. Finalmente, ele chega à casinha na floresta e é recebido para descansar. Ele está com uma aparência selvagem, os cabelos e a barba emaranhados e longos. Ele se deita e coloca um lenço sobre o rosto. Enquanto dorme, o lenço escorrega de seu rosto e, quando acorda, vê uma bela mulher e uma criança olhando para ele.

A mulher diz: "Eu sou sua esposa e este é seu filho." Quando ele lhe pergunta por que ela tem mãos, a mulher explica que suas mãos cresceram de novo como resultado de sua labuta e dos cuidados profundos que recebeu na floresta. O espírito traz as mãos de prata de um baú, no qual tinham sido guardadas, e as mostra ao rei. O rei abraça sua esposa e seu filho e, depois de celebrar com o povo da floresta, eles retornam a seu reino, onde se reúnem com a velha mãe e têm um segundo casamento.

Ao analisar este conto, Clarissa Pinkola Estés sugere que, ao renunciar às próprias mãos, a mulher deve olhar para a terrível barganha que fez ao abandonar sua natureza instintiva, seu profundo saber, para agradar ou proteger o "pai", o ponto de vista do mundo exterior. Nos termos da jornada da heroína, uma mulher que se identificou em excesso com a cultura masculina sacrificou algo de grande valor para si mesma – seus sentimentos e suas funções criativas –, e precisa empreender uma jornada interior para recuperá-los. No ato de perder suas mãos, a jovem começa sua iniciação, que, finalmente, a levará à sua individuação. Enquanto vagueia pela floresta e suas mãos renascem, ela passa da inconsciência à consciência. Nosso foco aqui será sua reconexão com o feminino.

Após seu ferimento, a donzela começa sua descida e é imediatamente assistida por um guia espiritual que a ajuda a conseguir alimento no mundo inferior. Ela come as peras douradas, muito parecidas com o útero de uma mulher, que representam a semente do novo eu. Costumamos esquecer que a promessa da descida é que ela nos alimentará, mesmo na escuridão, enquanto sentimos que estamos perdidas.[11]

No jardim, a donzela encontra três aliados masculinos: o jardineiro, o rei e o mago. Estés destaca que o jardineiro representa "a regeneração da alma da donzela, o rei representa as atitudes dominantes e leis na psique da mulher, e o mago representa a magia direta do poder da mulher: o instintivo feminino".[12]

Há um casamento entre o rei e a donzela, mas o rei precisa partir em sua própria jornada. Assim, ele a deixa na companhia de sua mãe. Aqui, a donzela entra em contato com a energia arquetípica da Mãe. A mãe do rei zela pela jovem enquanto ela está grávida e está presente quando ela dá à luz. A certa altura, a fim de protegê-la das falsas mensagens enviadas pelo rei, a mãe tem que mandar a donzela embora para ser iniciada na floresta. Ela amarra a criança ao peito da donzela para que ela possa alimentar seu filho e, na tradição dos antigos cultos às deusas, ela coloca um véu sobre a jovem para que ela parta em sua peregrinação sagrada.[13] O ato de cobrir com um véu permite à iniciada proteger o crescimento de sua nova alma.

A donzela vagueia pela floresta e é reencontrada pelo espírito de branco, outra presença feminina que a leva para sua casa na floresta, onde, ao longo de sete anos, as mãos da donzela tornarão a crescer. O espírito de branco guia a donzela e a abriga, assim como nossos instintos nos guiam para o próximo passo de nossa jornada. À medida que praticamos nosso profundo saber instintivo, assim como ocorre com a Donzela Sem Mãos, nossas mãos tornam a crescer, "primeiro como mãos de bebê, depois como mãos de menina e, finalmente, as mãos de nosso caráter feminino".[14] Se fizermos nosso próprio trabalho interior, aceitarmos nossa própria escuridão e trabalharmos em direção à consciência, mudaremos, e a situação em que nos encontramos mudará também. Nosso mundo exterior refletirá nossa vida interior; nossa escuta profunda nos levará a escolhas sábias.

A Donzela Sem Mãos é guiada e protegida pelo feminino arquetípico. Na passagem a seguir, extraída do livro *Circle of Stones: Woman's Journey to Herself* (Círculo de pedras: a jornada da mulher para si mesma), de Judith Duerk, somos convidadas a considerar como nossa vida poderia ser enriquecida se cada uma de nós tivesse acesso a uma comunidade de mulheres sábias para nos guiar em nossa jornada:

> Quão diferente poderia ter sido sua vida se houvesse um lugar para você, um lugar de mulheres? Um lugar onde outras mulheres, talvez um pouco mais velhas, tivessem estendido a mão para ajudá-la enquanto você se enraizava na terra do antigo feminino. [...] Um lugar onde houvesse um profundo entendimento dos modos da mulher de acolhê-la a cada estação de sua vida. Um lugar de mulheres para ajudá-la a medir sua própria estatura [...] para ajudá-la a se preparar e saber quando você estivesse pronta.
>
> Um lugar onde, após as fogueiras acesas, os tambores e o silêncio, você afirmaria, por fim, em sua Nomeação, ao falar lentamente naquele silêncio, que era chegado o momento, o círculo completo, para você também estender a mão... estender a mão à medida que mulheres mais jovens entrassem naquele lugar... estender a mão para ajudá-las a se prepararem conforme se enraizassem naquela mesma terra atemporal. Como sua vida teria sido diferente?

Atividade artística: bonecas espirituais

Para a maioria de nós, o processo criativo se assemelha a uma busca. Há uma sensação perturbadora que carregamos dentro de nós que anseia por resolução. A atividade de fazer bonecas espirituais nos ajuda a formular a pergunta que carregamos em nosso coração e nos aponta possíveis respostas. Quando realizo as oficinas da jornada da heroína, minha amiga e coprofessora, Valerie T. Bechtol, pede às participantes que pensem por que desejam criar uma boneca espiritual. Ela pergunta:

* Qual é sua intenção em dar vida a uma boneca espiritual neste momento de sua jornada?
* Por que essa boneca é necessária?
* O que você precisa que ela lhe conceda agora?

Como a Donzela Sem Mãos, será que você precisa de um guia ou aliado para ajudá-la a cruzar o limiar e dar o primeiro passo, para acolhê-la durante seu tempo no mundo inferior e para aguardá-la – como testemunha justa – enquanto você passa por sua transformação? Será que você está em um momento de sua vida em que deseja ritualizar os pontos fortes que desenvolveu ao longo de sua jornada e gostaria de uma boneca espiritual que simboliza a mulher selvagem e sábia que você se tornou? Você está à procura da Mãe arquetípica para apoiá-la em sua dor, confusão ou solidão? Você precisa fazer uma boneca que a faça lembrar como é brincar?

O primeiro passo para criar sua boneca espiritual é reunir os materiais. Assim que você decidir que vai fazer uma, os materiais começarão a se apresentar a você. Talvez você queira fazer o corpo com lona, tecido, gaze, metal enferrujado, ossos, conchas, cabaças ou pedaços de cactos. O corpo dela também pode ser feito de paus e ossos, e a roupa pode incluir símbolos e objetos da natureza, ou você pode optar por fazer um corpo macio de lona ou tecido e preenchê-lo com enchimento. Você pode então pintá-la, cobri-la com lama ou costurar objetos nela.

Vale a pena reunir tintas, pincéis, paetês, lantejoulas, penas, botões, cola, tesoura, fio, ráfia, agulhas e linhas. Incorpore tanto objetos que você encontra na natureza quanto itens de sua coleção pessoal. Algumas mulheres costuram fotografias ou escrevem poemas e confissões diretamente na boneca; outras escondem orações e pedidos dentro dela. A confecção de uma boneca espiritual é um ritual profundamente íntimo, que deve dar forma à sua parte de si mesma que está emergindo de seu inconsciente. Confie no processo; liberte-se de suas noções preconcebidas de como sua boneca deve ser e ajude-a a conquistar a forma que ela desejar tomar.

Antes de começar a fazer sua boneca espiritual, dedique cinco minutos ou mais para fazer uma caminhada ao ar livre. Encontre um lugar, de preferência na natureza, onde você possa estar sozinha e relaxar a mente, voltando o foco para seu interior. Faça a si mesma as seguintes perguntas:

* O que eu preciso que minha boneca espiritual me forneça?
* De que cor ela é?
* Qual a sensação de segurá-la?
* Qual é o cheiro dela?
* Qual é o som dela?
* Qual é a minha intenção ao fazê-la nascer neste momento?[15]

Prepare um espaço sagrado onde você possa fazer sua boneca. Você pode optar por queimar sálvia, acender uma vela, colocar alguma música inspiradora para tocar. Dê a si mesma pelo menos duas ou três horas ininterruptas para iniciar seu processo. Deixe sua boneca evoluir em seu próprio ritmo.

As mulheres nas oficinas da jornada da heroína já criaram bonecas espirituais para muitos propósitos: para avivar e celebrar sua criatividade, para honrar familiares que morreram, para lidar com abortos e abortos espontâneos, para celebrar o nascimento da Mulher Sábia interior e para representar a maternidade e o acolhimento que nunca receberam. Os exemplos a seguir são de uma oficina realizada no Novo México.

Janet nunca teve uma relação acolhedora com sua mãe, que era distante, crítica e não tinha uma conexão com sua natureza feminina. Janet sabia que nunca obteria de sua mãe o acolhimento de que precisava, então se propôs, com quase 50 anos, a tornar consciente sua própria conexão com o feminino. Ela decidiu fazer uma boneca espiritual materna e reuniu conchas, contas e penas para usar na criação de uma boneca bastante estilizada.

Para sua surpresa, quando chegou a hora de escolher um tecido para o corpo da boneca, ela foi atraída por uma cor marrom terrosa. Essa era uma cor que ela normalmente não escolheria; ela adorava cores *vivas*. A princípio, Janet hesitou em usá-la, mas finalmente se permitiu seguir sua intuição. Ela recortou uma grande forma de corpo feminino, que costurou e recheou com algodão. O que surgiu daí foi uma boneca com um corpo macio, mas firme, com braços que se uniam para se abraçar. Janet precisava de um símbolo feminino forte e acolhedor, e essa grande forma materna se encaixava perfeitamente em sua necessidade. Ela então cobriu o corpo da boneca com lama, a fim de honrar sua conexão com a Mãe Terra.

> *Sem um recipiente bem construído, não pode haver verdadeiro desenvolvimento psicológico ou espiritual, porque não há um lugar seguro para colocá-lo.*
>
> – Carol Pearson

Elizabeth recentemente perdera seu filho de 18 anos para uma overdose acidental e estava em luto profundo. Nesse luto, ela havia perdido a própria voz e se sentia criativamente bloqueada. Ela escolheu um pedaço de cacto para o corpo de sua boneca espiritual e escreveu uma carta para seu filho, que incorporou ao corpo da boneca. Ela fez um ritual de ruptura para liberar a dor e a raiva que sentia pela morte de seu filho e aceitou a Mulher Cacto para ajudá-la a suportar sua perda.

Eu tive que tomar a difícil decisão, aos 40 anos, de fazer um aborto por questões de saúde. Devido ao que o protocolo médico chama de colo uterino "incompetente" e por várias outras razões, o médico achou que eu não seria capaz de levar a gestação a termo. Embora meu marido e eu tivéssemos tomado a decisão juntos e ambos tivéssemos sofrido nossa perda fazendo terapia e também em ritual, eu não me senti completa com meu processo de luto até o momento em que resolvi fazer uma boneca espiritual para honrar o feto não nascido. Num Natal, minha amiga Valerie me deu uma caixa de tecido vermelho, retalhos, linhas, lã e papel artesanal e me disse para fazer uma boneca. Ela sabia que eu, mesmo seis anos depois, ainda sonhava com essa gravidez interrompida.

Usei um galho de árvore dobrado como base para o corpo da boneca, para que ela pudesse se inclinar para a frente como se estivesse dando à luz, com os braços juntos, envolvendo seu coração e seu peito em um abraço. Enquanto envolvia gaze vermelha e tecido em torno da estrutura de madeira, lembrei-me de um aborto que sofri quando jovem e fiz um pequeno feixe de bebês para rememorar essa perda também. Coloquei a boneca em meu altar e comecei a me perdoar pelo fato de meu corpo não ser capaz de manter e acolher adequadamente a gravidez.

Perguntas para escrever e refletir

Leia a seguinte lista de perguntas e escolha aquela que você deseja explorar no momento. Responda às perguntas restantes com profundidade em seu próprio tempo.

* Qual é a sua compreensão de si mesma como mulher neste momento da vida? Por exemplo, você pode escrever algo como: "Eu amo ser mulher e sinto que me desenvolvi completamente para expressar todas as partes de mim mesma" ou "Estou apenas descobrindo o que significa ser mulher fora de meus papéis de esposa e mãe" ou "Sou uma mulher em transição e incerta sobre meu futuro".
* Como você equilibra os diferentes papéis em sua vida? Por exemplo, o papel de filha, mãe, profissional, amiga, esposa, amante?
* Você se sente à vontade para expressar seus sentimentos? Quais deles você reluta em expressar? Seu estilo de sentir se parece mais com o de sua mãe ou o de seu pai?
* Como você expressa seu amor por seu marido ou esposa?
* Como você expressa seu amor por seus filhos ou amigos?
* Como você acolhe seu corpo? Por exemplo, eu tomo banhos de espuma regularmente, cozinho refeições saudáveis, recebo massagens (adoraria fazer as unhas mais vezes) e faço longas caminhadas à beira-mar.
* Como você acolhe sua alma? Por exemplo, você pode montar um altar ou foco de atenção para meditar e orar; fazer rituais sazonais; praticar ioga, tai chi ou dança; fazer caminhadas no bosque; ou apreciar a beleza do nascer ou do pôr do sol.

* Como você expressa sua natureza feminina? Por exemplo, estou aprendendo a confiar em minha intuição, adoro abraçar meus filhos, estou deixando meu cabelo crescer, estou fortalecendo meu corpo com a prática da ioga, sinto-me confortável para tomar a iniciativa ao fazer amor, estou reaprendendo a tocar piano, e apoio uma iniciativa por mais mulheres na política.
* Como você se expressa de forma criativa? Por exemplo, você pode expressar sua criatividade através da arte, da música, da dança, da jardinagem, da culinária, da maternidade, fazendo amor, escalando montanhas ou fazendo arranjos de objetos especiais em lugares bonitos.
* Qual é sua relação com sua sexualidade? Por exemplo, você pode se sentir confortável, ativa, indiferente, ansiosa, esquiva, assustada ou confusa. Como seu nível de conforto com a sua sexualidade reflete sua primeira experiência sexual?
* Qual é a sua relação com a Terra, a natureza, a jardinagem?

Atividade artística: colagem das mulheres importantes em sua vida

Faça uma colagem das mulheres importantes de sua vida, pensando sobre o que você admira nelas e como elas a inspiram. Essas mulheres podem ser parentes, mulheres da história, figuras mitológicas, ligadas à arte, à literatura, à política, à religião, ao cinema, e assim por diante. Use imagens de revistas, fotografias novas e antigas, copiadas ou impressas, que você possa colorir à mão. Usando papel, faça uma espécie de colcha de retalhos ou mosaico com essas imagens.

Dialogue com cada mulher que você for acrescentando à sua colagem. Para cada uma, diga por que ela foi selecionada e o que ela tem que você gostaria de incorporar. Como a colagem reflete aspectos seus?

Rituais pessoais

Criamos rituais para focar nossa atenção e celebrar acontecimentos específicos em nossa vida, como o casamento, ou para marcar ciclos de vida como a adolescência, a meia-idade e a morte. Alguns dos elementos tradicionalmente incluídos nos rituais são uma invocação ao Espírito; repetição de ações, sons, músicas ou palavras; um objeto ritual, como a aliança no casamento ou o pergaminho da Torá nos ritos da adolescência para uma menina judia; movimento ou dança; e a disposição de adentrar um estado fora do comum.

Na maioria dos rituais, os elementos água, fogo, ar e terra são utilizados de alguma forma. Por exemplo, a iluminação de velas frequentemente desempenha um papel importante num ritual, a cor da vela refletindo a ocasião. Muitas mulheres acendem velas pretas para celebrar a meia-idade ou a menopausa, pois essa cor remete à ideia do fim de um ciclo, de dar à luz outra pessoa, e a entrada em outro ciclo, de dar à luz a Mulher Sábia interior.

Os rituais intensificam nossos sentidos, derrubam nossas máscaras cotidianas e geralmente envolvem o apoio e a coesão de um grupo com o qual temos afinidade. Algumas pessoas criam rituais pessoais para celebrar batismo, amizade, gravidez, parto, a cura de doenças e a realização de objetivos acadêmicos, artísticos ou atléticos. Outras criam rituais de luto em respeito a episódios como abortos, divórcios, descida e morte. Muitos pais criam rituais para marcar transições como a menstruação de uma filha ou a saída de um filho ou uma filha de casa.

Crie seus próprios rituais para celebrar as transições em sua vida. Por exemplo, prepare um ritual pessoal para seu aniversário, convidando apenas aquelas pessoas que honram você e participaram de sua jornada. Prepare o ritual da Mulher Sábia ou o da Anciã para si mesma, para comemorar seu aniversário de 50 anos. Convide mulheres mais velhas e mais jovens do que você para compartilhar a sabedoria delas.

O exemplo a seguir mostra alguns dos elementos que incluímos em um ritual para celebrar os 50 anos de minha amiga Connie. Montamos um altar com flores e velas: uma vela branca para honrá-la como Virgem, uma vela vermelha para honrá-la como Mãe e uma vela preta para honrá-la como Anciã. O branco celebra a virgindade da mulher, a época durante a qual ela é uma-em-si-mesma. O vermelho celebra seu sangue e sua capacidade de dar à luz. O preto, que contém todas as cores, celebra a época do poder pessoal de uma mulher. Depois de uma invocação para que a Grande Mãe abençoasse Connie e o nosso círculo, eu disse:

Nossa cultura não honra o envelhecimento, mas nós, mulheres, precisamos restaurar a honra e o poder da Anciã (da Mulher Sábia) porque realmente precisamos de sua sabedoria e do seu humor. A Anciã é o terceiro aspecto do sagrado feminino – Virgem, Mãe e Anciã. A Virgem e a Mãe são celebradas há séculos; porém, como a maioria das pessoas nessa cultura teme o poder da mulher, a Anciã é o elo perdido no aspecto tríplice do feminino. A Anciã nos lembra de nossa mortalidade; é ela quem nos diz que está na hora de seguir em frente! Ela pode fazer tudo que quiser.

Connie nos convidou aqui hoje para celebrar seu cinquentenário, marcando a transição para seus anos de sabedoria. Embora Connie nunca tenha precisado de nossa permissão para fazer exatamente o que quis, é agora que ela realmente pode fazer tudo que quiser!

Connie, a época da Anciã traz a colheita de sua experiência, quando você colhe os benefícios acumulados de tudo que aprendeu. Como Anciã:

Você é o Farol, brilhando a luz da sabedoria para que todas nós vejamos.

Você é a Mulher dos Ventos, que conhece as ervas e a magia da cura.

Você é a Tecelã de Sonhos, que preside no mundo dos sonhos como nossa Guia.

Você é a Deusa das Encruzilhadas, Hécate, íntima com o lado sombrio da lua, com as cavernas, as florestas densas e todos os lugares de escolha e mudança.

Você é a Professora, transmitindo seu conhecimento para as próximas gerações.

Você é a deusa celta Cerridwen, mexendo sua poção mágica no Caldeirão da Inspiração.

Você é a Vidente, cuja habilidade em relembrar o passado a guia na adivinhação do futuro.

Você é a Transformadora, que traz a renovação e a continuidade de toda a vida.

Você é a Conhecedora dos Mistérios, dos segredos da existência, da magia de todas as coisas.

Você é Mae West, transbordando sensualidade de cada poro de seu corpo e remexendo o quadril até o último dia de sua vida!

Connie, enquanto você está na Encruzilhada mexendo seu Caldeirão da Inspiração, nós a honramos como Mulher Sábia, Guia, Mulher dos Ventos, Vidente, Tecelã de Sonhos, Professora, Deusa das Encruzilhadas, Conhecedora de Todos os Mistérios e Mae West. Você percorreu o caminho da Virgem e da Mãe, durante o qual sua vida se concentrou em acolher os outros. Agora você começa o caminho da Anciã para acolher e dar à luz sua sabedoria e sua criatividade. Cada uma de nós iluminará seu caminho com uma vela preta para celebrar sua transformação.

Nesse ponto do ritual, Connie nomeou e honrou cada uma das mulheres que havia convidado, de sua colega de quarto na universidade, que ela conhecia havia mais tempo, até uma nova amiga que ela fizera havia relativamente pouco tempo. Ela agradeceu a cada uma pelo papel que havia desempenhado em sua vida. A idade das mulheres variava de 72 a 26 anos, que era a idade de sua filha.

Em seguida convidei cada mulher a celebrar Connie, acendendo sua vela e oferecendo-lhe um presente de sabedoria ou humor. (Velas haviam sido fornecidas para cada mulher, e o pedido de um presente de sabedoria ou humor havia sido incluído no convite. Como você pode imaginar, os presentes variaram do hilariante ao sublime.) Depois que cada uma de nós havia concedido nossos presentes e bênçãos, Connie pediu que tomássemos um momento para oferecer uma bênção silenciosa a nós mesmas e depois apagar nossas velas. Eu fechei o círculo com gratidão à Grande Mãe e a Hécate, pela orientação e inspiração. Começamos então a festejar.

Imagens arquetípicas dos sonhos

Sonhamos com imagens de nosso inconsciente pessoal, que consiste em experiências da infância e de nossa vida cotidiana, assim como com imagens mais universais, as quais C. G. Jung chamou de arquétipos, como a Grande Mãe ou o Velho Sábio. Essas imagens arquetípicas costumam ser carregadas de intensa energia. Como muitas mulheres hoje estão em busca de uma experiência do divino feminino, elas estão tendo sonhos como o relatado no início deste capítulo, sobre uma mulher forte e acolhedora que acompanha a sonhadora como guia ou companheira. Ela com frequência aparece como uma mulher grande, poderosa, de pele escura, uma enorme Deusa Negra, que nutre e cria a vida nova. As mulheres contemporâneas em geral também relatam sonhos com irmãs ou um círculo de mulheres. Elas sonham com deusas antigas como Ártemis, deusa da vida selvagem muitas vezes representada por um cervo; Atena, deusa da sabedoria representada com frequência por uma coruja; Héstia, deusa do lar; Afrodite, deusa do amor; Hécate, deusa das encruzilhadas; e as deusas mãe e filha, Deméter e Perséfone. Imagens da Mulher Búfalo Branco ou da mulher curandeira Indígena Americana; Kuan Yin, a deusa da compaixão; e Kali, a deusa da morte e destruição também aparecem repetidamente nos sonhos de muitas mulheres. Os sonhos menstruais frequentemente contêm a imagem de um Amante, de um Intruso ou de um Homem Desconhecido sobrenaturais.

Imagens de animais também aparecem de forma proeminente nos sonhos das mulheres, particularmente gatos, cavalos, cães, cervos, cobras e pássaros. "Quando um animal aparece em um sonho, ele traz uma mensagem importante sobre nossa natureza instintiva profunda, a sabedoria de nosso corpo ou de nossos sentimentos espontâneos."[16] Por exemplo, um sonho com uma borboleta ou um sapo, ambos animais que mudam de forma, pode indicar um tempo de transição e transformação. Nem todos os animais são vistos como úteis no início. Quando uma imagem de sonho destaca um lado sombrio de si, uma parte que você pode negar, esconder ou achar repulsiva, pode parecer inquietante no início. Basta tentar receber a mensagem que a imagem do sonho oferece.

REGISTRE TODOS OS SEUS SONHOS ENQUANTO ESTIVER
EXPLORANDO ESTE CAPÍTULO.

5
Curando a ruptura mãe-filha

Mulheres e homens sentem um vazio nos dias de hoje por suspeitarem que sua natureza feminina, assim como Perséfone, tenha ido para o inferno. Onde quer que exista esse vazio, essa lacuna ou ferida aberta, deve-se buscar a cura no sangue da própria ferida. Eis mais uma das antigas verdades alquímicas: "Nenhuma solução deve ser feita a não ser em seu próprio sangue." Portanto, o vazio feminino pode ser curado não pela conjunção com o masculino, mas por uma conjunção interior, por uma integração de suas próprias partes, por uma lembrança ou uma reconstituição do corpo mãe-filha.

– NOR HALL, *The Moon and the Virgin*

A etapa seguinte da jornada da heroína envolve a cura da ruptura entre mãe e filha, a separação inicial de sua natureza feminina. Para muitas mulheres que cresceram em uma sociedade patriarcal, há uma ferida que vai além da relação com sua mãe pessoal. Ela vai ao cerne do desequilíbrio de valores dentro de nossa cultura. Enterramos nossa alma, nossos sentimentos reais, nossa conexão com nosso corpo e nossa imaginação; nós nos separamos de tudo o que torna a vida vital e criativa. Somos solitárias em busca de uma profunda conexão. Ansiamos por afiliação e comunidade, pelas qualidades positivas e fortes do feminino das quais esta cultura carece.

Se a mulher teve um relacionamento difícil com sua mãe e reconhece como o feminino é menosprezado em nossa cultura, ela agora tem o desafio de trazer compreensão e reconciliação a esse relacionamento. Quer sua mãe pessoal fosse carinhosa ou fria, empoderadora ou manipuladora, presente ou ausente, seu relacionamento interior com ela está integrado ao seu DNA psicológico como um complexo materno. Se sua psique integrou sua mãe de forma negativa ou destrutiva, você se sentirá separada de sua natureza feminina positiva e terá muito trabalho a fazer para recuperá-la.

Se as atitudes de sua mãe ameaçaram sua própria sobrevivência como mulher, você pode ter se identificado estreitamente com o masculino, buscando nele a salvação. Muitas mulheres encontraram o aspecto espontâneo, divertido e acolhedor do feminino em seus pais.

A natureza da ruptura entre mãe e filha também é determinada pela forma como uma mulher integra o arquétipo da Mãe em sua psique, o que inclui a Mãe Terra, a Deusa, e a visão cultural do feminino. Nossa psique coletiva teme o poder da Mãe e faz todo o possível para denegri-la e destruí-la. Não damos valor ao seu acolhimento; usamos, exploramos e dominamos a matéria (*mater*) toda vez que temos a oportunidade. Nossas igrejas têm empurrado a face feminina de Deus para o subterrâneo ao longo de séculos, destruindo sua imagem e usurpando seu poder em favor dos deuses masculinos. Como podemos sentir nossa ligação com o feminino se a cultura ao nosso redor faz tudo ao seu alcance para nos fazer esquecê-la?

Curar a ruptura mãe-filha envolve lamentar a separação inicial ou rejeição de sua mãe – assim como a de si mesma – e então começar a assimilar o feminino. O aspecto mais importante desta etapa é o crescimento de uma mãe interior, tornando-se uma mãe carinhosa para si mesma.

É um momento para identificar e reivindicar valores femininos para si mesma:

* Honre sua criatividade.
* Viva os valores do seu coração.
* Expresse todo o espectro de suas emoções.
* Cerque-se de imagens que celebram a vida.
* Fale com uma linguagem que seja inclusiva.
* Honre sua sabedoria, sua compaixão e sua geratividade e reconheça o mesmo nas outras mulheres de sua vida.
* Abrace o poder da mulher, o que inclui tomar a iniciativa, falar, liderar os outros e alcançar o poder, não para o engrandecimento pessoal, mas para o bem dos outros.

As mulheres que carregam uma ferida profunda em relação à sua mãe pessoal costumam buscar sua cura na experiência cotidiana. Para muitas, isso toma a forma da divina cotidianidade: ver o sagrado em cada ato cotidiano, seja lavando a louça, limpando o banheiro ou tirando as ervas daninhas do jardim. A mulher é nutrida e curada ao se estabelecer no mundo cotidiano. Com frequência, durante esse período de recuperação do feminino interior, você se encontrará imersa no aprendizado sobre deusas antigas para encontrar a Mulher Sábia interior.

Toda vez que você esquecer alguma coisa, expanda-se. Isso não só pode ajudá-la a se lembrar, mas também faz com que você tenha um delicioso momento de paz quando sua mente se apaga, se cala e se aquieta.
– Dawna Markova

A mulher como construtora de mitos

A criação de mitos é um processo contínuo e os mitos são necessários para organizar a vida. Se não foi iniciada em uma mitologia feminina pela mãe ou a avó, a mulher precisa desenvolver sua própria relação com seu feminino interior, com a Grande Mãe. Isso pode explicar por que hoje tantas mulheres procuram imagens antigas de poderosas divindades e heroínas femininas para curar a ferida interior. Como a história feminina foi muito destruída ao longo da história, as mulheres estão voltando à pré-história para encontrar elementos da mitologia feminina que existiam antes da divisão grega do poder entre múltiplos deuses.

À medida que os arqueólogos descobrem culturas antigas baseadas nos princípios vitais da Deusa, as mulheres recuperam o poder e a dignidade que lhes eram concedidos quando o papel da mulher era proteger a vida humana e a sacralidade da natureza. A visão e o poder do feminino são traduzidos em representações da Virgem, da Mãe e da Anciã; da aranha, da cobra e do pássaro; do vaso, da caverna e do graal; da montanha, da água e das árvores; assim como de figuras de deusas culturais específicas como Ísis, Sofia, Deméter, Inana, Kali, Cerridwen, Lilith, Coatlicue, Kuan Yin, Iemanjá, Amaterasu, e muitas, muitas outras. Essas representações capturam a essência dos aspectos femininos de criadora, preservadora e destruidora, além de celebrarem a preservação, a reverência e a interconexão dos elementos básicos da vida.[1]

Ao entrar nela, ela perfura meu coração. À medida que me aprofundo, ela me desvela. Quando alcanço seu centro, estou chorando copiosamente. Eu a conheci durante toda a minha vida, e agora ela me revela histórias, histórias que são revelações, e eu me transformo.

– Susan Griffin

As mulheres de hoje sonham com mulheres fortes, acolhedoras, que não têm a necessidade de dominar os outros para exibir poder e vão até a sonhadora para despertá-la para uma nova ordem. Elas sonham com a escuridão, com a necessidade de enfrentar a dura realidade da vida e da morte, com a possibilidade de cataclisma, sofrimento e psicose. Muitas sonhadoras encontram uma mulher grande, poderosa, de pele escura, que as acolhe e as recria. A poeta May Sarton descreve-a para nós em "A invocação a Kali":

Kali, esteja conosco.
Violência, destruição, receba nosso respeito.
Ajude-nos a trazer a escuridão para a luz,
A aliviar a dor, a raiva,
Onde possa ser vista pelo que é:
O círculo de equilíbrio para nosso amor vulnerável e dolorido.
Coloque a fome selvagem no lugar dela,
Dentro do ato de criação,
O poder bruto que forja um equilíbrio
Entre ódio e amor.

Ajude-nos a ser sempre esperançosas,
Jardineiras do espírito,
Aquelas que sabem que sem escuridão
Nada nasce,
Assim como sem a luz
Não há flores.

Tenha em mente as raízes,
Você, a Escuridão, Kali,
Poder Incrível.[2]

Retomando a escuridão:
como recuperar a louca

Em *Adeus, Bela Adormecida*, Madonna Kolbenschlag nos exorta a reverter o padrão dos contos de fadas, a voltar atrás e restaurar e curar as constelações femininas que há tanto tempo carregam o elemento maligno da história. É imperativo que recuperemos e reintegremos as partes reprimidas do feminino que são personificadas como bruxas, madrastas e loucas. Madrastas, bruxas e loucas são comumente retratadas como mulheres que impõem obstáculos para a criança em desenvolvimento. Elas são descritas como malvadas, cruéis, distantes, manipuladoras, ciumentas e gananciosas. Seus atos perversos são geralmente punidos com a morte. A bruxa é empurrada para dentro do forno em "João e Maria"; a madrasta de "Branca de Neve e os Sete Anões" dança até a morte calçando sapatos que foram aquecidos sobre brasas quentes; e a Bruxa Má do Oeste derrete em *O Mágico de Oz*.

No conto de fadas há pouca preocupação com as origens da crueldade na madrasta ou na bruxa malvada; apenas supomos que elas sempre foram assim. A madrasta malvada representa a decepção de toda criança por não ter a mãe "perfeita", aquela mãe ilusória sempre disponível, sempre compreensiva e incondicionalmente amorosa – nunca atormentada e impaciente, voltando para casa depois de um longo e difícil dia de trabalho!

Há um conto popular, contudo, no qual uma filha abre a porta e aceita a mãe de volta. Ao fazer isso, ela cura aquelas partes reprimidas do feminino que a maioria de nós escolhe não ver e se recusa a aceitar e compreender. Esse é o trabalho de curar a ruptura entre Mãe e Filha.

Era uma vez uma mulher com quatro filhas. Ela amava suas filhas um, dois e três, que eram inteligentes, justas e belas, mas odiava a caçula, Mesmeranda, que era apenas quem ela era. Todos os dias, essa mulher saía para buscar comida para as filhas. Ao voltar, suas filhas a ouviam cantar:

Minhas queridas filhas,
Um, dois e três,
Venham para a mamãe, venham para mim.
Mesmeranda, filha quatro,
Fique atrás da porta da cozinha.

As meninas corriam para a porta para deixar a mãe entrar, mas Mesmeranda ficava atrás da porta da cozinha, desejando fazer parte da família. Então a mãe preparava o jantar para as três filhas mais velhas e, enquanto elas comiam juntas, conversando e rindo, jogavam as sobras para Mesmeranda. As meninas mais velhas cresceram e se desenvolveram, mas Mesmeranda permaneceu magra e frágil.

No entanto, lá fora, um lobo faminto observava as idas e vindas da mãe e queria devorar suas três filhas gordinhas. Ele pensou que poderia pegá-las se ele cantasse a canção da mãe. O lobo praticou durante dias e noites até que, numa tarde, enquanto a mãe estava fora, ele foi até a porta e cantou:

Minhas queridas filhas,
Um, dois e três,
Venham para a mamãe, venham para mim.
Mesmeranda, filha quatro,
Fique atrás da porta da cozinha.

Mas nada aconteceu. As meninas não abriram a porta porque a voz do lobo era grave e rouca. Frustrado, o lobo foi procurar o coiote. "Eu preciso da voz de uma mãe", disse ele. "Faça minha voz soar aguda e doce." O coiote olhou para o lobo e perguntou: "O que você vai me dar em troca?" "Uma das filhas", respondeu o lobo. O coiote então afinou a voz do lobo, que voltou à casa e cantou:

Minhas queridas filhas,
Um, dois e três,
Venham para a mamãe, venham para mim.
Mesmeranda, filha quatro,
Fique atrás da porta da cozinha.

Dessa vez, a voz do lobo estava tão aguda que voou ao vento. As meninas riram e disseram umas para as outras: "Ah, são apenas as folhas sussurrando", e não abriram a porta. Algum tempo depois, a mãe voltou e cantou sua canção para as filhas. Imediatamente elas abriram a porta e novamente as quatro comeram, deixando as sobras para Mesmeranda.

No dia seguinte, o lobo voltou para reclamar com o coiote: "Você deixou minha voz muito fina. Conserte-a para que eu soe como uma mulher." O coiote lançou um feitiço sobre o lobo, e o lobo voltou para a casa das filhas. Dessa vez ele cantou exatamente como a mãe:

> Minhas queridas filhas,
> Um, dois e três,
> Venham para a mamãe, venham para mim.
> Mesmeranda, filha quatro,
> Fique atrás da porta da cozinha.

Quando as meninas correram para receber a mãe, o lobo as enfiou em um saco e as levou embora. Mesmeranda permaneceu atrás da porta da cozinha. Mais tarde naquele dia, a mãe voltou e cantou à porta:

> Minhas queridas filhas,
> Um, dois e três,
> Venham para a mamãe, venham para mim.
> Mesmeranda, filha quatro,
> Fique atrás da porta da cozinha.

Ninguém foi até a porta, então ela cantou sua canção outra vez. Novamente, ninguém foi recebê-la, e ela começou a temer o pior. Então ouviu uma voz fraca cantando:

> Mamãe, suas filhas,
> Um, dois e três,
> Não podem mais ouvir, não podem mais enxergar.
> Elas foram embora, além da terra e do mar.
> Mesmeranda está aqui, olhe para mim.

A mãe abriu a porta e, quando não viu suas amadas filhas, saiu correndo de casa como uma louca, arrancando os cabelos e cantando sua canção sem parar.

Mesmeranda se levantou, viu a sala vazia e saiu pela porta aberta. Ela começou sua jornada, fez seu caminho pelo mundo e, por fim, se casou com o filho do imperador. O tempo passou.

Um dia, uma velha louca, de cabelo desgrenhado e emaranhado como um ninho de vespas, foi ouvida cantando no portão do palácio:

> Minhas queridas filhas,
> Um, dois e três,
> Não podem mais ouvir, não podem mais enxergar.
> Mesmeranda, filha quatro,
> Ouça-me agora, estou à sua porta.

As pessoas riam quando passavam por ela e os guardas do palácio a mandavam embora. Mas todo dia ela retornava, com suas vestes esfarrapadas, e cantava:

> Minhas queridas filhas,
> Um, dois e três,
> Não podem mais ouvir, não podem mais enxergar.
> Mesmeranda, filha quatro,
> Ouça-me agora, estou à sua porta.

Então chegou à imperatriz a notícia de que havia uma mulher louca nas ruas cantando para sua filha Mesmeranda, ao que ela respondeu: "Eu não conheço nenhuma louca e não tenho mãe."

Um dia, Mesmeranda estava arrancando ervas daninhas e plantando legumes no jardim do palácio, quando ouviu seu nome no refrão da louca. Ela abriu o portão e olhou para o rosto da mulher. Foi então que viu sua mãe. Ela pegou-a pela mão e a levou para dentro.

"Mamãe", disse ela, "as outras se foram. Mas olhe para mim. Eu sou Mesmeranda. Você não me amava antes e eu ficava atrás da porta da cozinha. Mas agora estou aqui e vou cuidar de você." Então ela banhou sua mãe, a vestiu e penteou seus cabelos.[3]

Mesmeranda aceita a mãe de volta, limpa-a, veste-a e cuida dela. Ela abre seu coração e aceita a Louca, que é a mãe que a rejeitou. Cada uma de nós precisa retomar o feminino descartado para recuperar nosso pleno poder feminino. Se a mulher continua ressentida com a mãe por não ter recebido o cuidado materno, ela permanece ligada a essa mulher, uma filha numa eterna espera. Ela se recusa a crescer, embora, para o mundo exterior, pareça agir como uma adulta madura. Lá no fundo, ela se sente sem valor e incompleta. "A virgem grávida", é assim que Marion Woodman chama essa parte renegada de nós mesmas em seu livro de mesmo nome, é "a parte pária de uma mulher, a parte que se torna consciente quando mergulha na escuridão, minerando nossa escuridão de chumbo até conseguir trazer à luz nossa prata".[4]

Ao longo dos anos, achei difícil aceitar e acolher a louca dentro de minha mãe porque, para isso, teria que enfrentar a louca dentro de mim. É muito mais fácil projetar minhas partes renegadas (como fúria e impotência) em minha mãe, que carregou muitas das minhas expectativas não satisfeitas. Passei a entender que aceitar minha mãe como ela é significa que nunca poderei fazer com que ela me ame do jeito que quero ser amada. Nunca terei uma mamãe que ame abertamente: uma mãe, sim, mas não uma mamãe.

Esse processo de aceitar lentamente minha mãe como ela é foi o resultado da realização de repetidos rituais de cura da ruptura mãe-filha, que é uma forma delicada de trabalhar conscientemente essa ferida. (O ritual está incluído neste capítulo.) Marion Woodman escreve: "Para chegar ao lugar onde pertencemos a nós mesmas, temos que cortar o cordão umbilical que nos prende a dependências arcaicas. Se nunca conhecemos uma mãe amorosa, esse corte pode ser ainda mais difícil, porque continuamos a ansiar pelo que nunca tivemos. Continuamos a procurar a Mãe em nossos relacionamentos."[5]

Tarefas para curar sua natureza feminina

Mulheres sábias têm imunidade natural. Elas deixam tudo fluir e refluir, sem trabalho, sem desejar. Elas abrem mão das expectativas e nunca estão perdidas. E, como não estão perdidas, seu espírito vive para sempre.

– Pamela Metz e Jacqueline Tobin, *O Tao da mulher*

Se você nunca foi confortada pela sua mãe, provavelmente tem dificuldade em encontrar um conforto de alma profundo em seus relacionamentos. Isso não lhe é familiar. Sua tarefa é criar essa sensação de conforto de alma dentro de si mesma.

Se você nunca sentiu compaixão por parte da sua mãe, provavelmente tem pouca paciência com suas próprias falhas humanas e com as dos outros. Sua tarefa é observar alguém que pratique a compaixão e praticá-la você mesma.

Se sua mãe sufocou sua criatividade, sua tarefa é dar voz a todo impulso criativo que se apresentar. Pinte, escreva poesia, toque bateria, faça jardinagem, cozinhe e dance!

Se sua mãe desprezava ou rejeitava o próprio corpo como mulher, sua tarefa é abraçar e honrar seu corpo e sua sexualidade.

Se você, por qualquer razão, se sentiu abandonada pela sua mãe, seja por causa da depressão ou do alcoolismo, sua tarefa será ouvir seus sentimentos e nunca abandonar a si mesma.

Se você tiver algum assunto pendente com sua mãe e ela tiver morrido ou estiver emocionalmente indisponível, você pode escrever uma carta para ela (a qual você guardará ou enviará a si mesma) expressando sua tristeza ou raiva pela perda de uma mãe acolhedora ou dizer a ela como você passou a compreendê-la e aceitá-la como ela é. Você poderá então sentir gratidão pela presença dela em sua vida.

Cada uma de nós carrega a própria mãe consigo; portanto, para curar a ferida profunda de sua natureza feminina, é necessário curar a ruptura mãe-filha – esteja sua mãe viva ou não. O elemento-chave aqui é tornar-se uma boa mãe para si mesma. Com isso em mente, assuma essa tarefa de ser mãe de si mesma.

Conheço isso de perto: filha do pai com uma mãe pouco acolhedora em termos emocionais, continuei a procurar a atenção materna que não tinha recebido, buscando atenção e aprovação de mentoras mais velhas, como Polly McVickar e a Dra. Jean Houston, dos meus 20 aos 40 anos. Também continuei a recorrer à minha mãe em busca de compreensão e aceitação. Em algum momento, com 40 e poucos anos, me conformei com o fato de que nunca teria o tipo de orientação e amor que eu buscava em minha mãe. Embora eu continuasse a desenvolver amizades com mulheres que eram maternais, vivi o luto pela perda do sonho por que tanto ansiava, aceitei essa perda e a deixei para trás. Quando você para de buscar a cura fora de si mesma, você pode:

* Começar a cultivar sua própria sensibilidade feminina, criando espaço para dar ouvidos aos seus sentimentos e responder a eles.
* Ouvir seu corpo e respeitar os limites dele.
* Ouvir sua intuição e não passar por cima dela.
* Escutar a voz de sua criatividade e respeitar cada aspecto de si mesma que queira ser expresso nesse momento.
* Cuidar de sua segurança e tomar decisões acolhedoras em relação a si mesma.

Ao mesmo tempo que desenvolve uma resposta à sua vida interior, você pode tomar medidas no mundo exterior fazendo o seguinte:

* Realize seus sonhos. Por exemplo, se você tem o sonho de se tornar escritora, faça um curso de escrita, programe um tempo de escrita semanal ou diário ininterrupto, e escreva! Se quiser mudar de carreira, pesquise alternativas na biblioteca ou na internet, ou invista em si mesma indo a um consultor de carreiras.
* Coloque as mãos na terra: faça jardinagem, uma massagem, asse pão, observe os ciclos da natureza e tome consciência de seus próprios ritmos em relação aos ciclos sazonais.
* Cultive e apoie suas amigas mulheres.
* Junte-se a algum grupo de mulheres; a cura ocorre dentro da matriz feminina.
* Vá a uma biblioteca ou livraria e consiga livros para pesquisar o sagrado feminino.
* Participe do acolhimento em sua comunidade.

Ritual: a cura da ruptura mãe-filha

O foco desse ritual é curar a relação entre você e sua mãe (ou você e sua filha). Ele pode ser feito por conta própria ou com um grupo de mulheres que também estejam comprometidas em curar a ruptura entre mãe e filha. Se você não estiver em um grupo de mulheres, peça o apoio e a presença de uma mulher que seja sua amiga próxima. Ao optar por fazer esse ritual, você não só estabelece a intenção de curar seu relacionamento com sua mãe, mas também convida a si mesma para se alinhar com o que é necessário para curar a ruptura dentro de sua natureza feminina.

> *Quando minha mãe me perguntou se eu já havia me tornado uma mulher, eu não entendi. Pensei que ela estava falando de idade, não daquilo. E, verão após verão, ela me fazia a mesma pergunta, e a cada vez ela parecia mais preocupada. Eu não dava muita atenção a ela.*
> – Velma Wallis

Crie um belo altar com flores, uma vela e uma imagem ou estátua da Deusa para honrar sua relação com sua mãe. Selecione uma fotografia de sua mãe ou um objeto que ela lhe tenha dado, que você colocará no altar mais tarde, durante o ritual. Ao iniciar, invoque a orientação e a sabedoria da Deusa Mãe.

Se você se sentiu amada por sua mãe, aceita, protegida, acolhida e estimada, ou rejeitada, abandonada e criticada; se sua mãe estava presente ou ausente, se era capaz de tocá-la ou não; nesse ritual você escolheu honrar sua mãe a fim de chegar a alguma aceitação de quem ela é ou foi em sua vida.

Em algum nível, sua mãe fez o melhor que pôde em relação ao histórico familiar dela, ao período histórico em que viveu, à atenção que recebeu ou não da mãe dela, ao seu estado civil, sua saúde e sua condição econômica, ao que era permitido a ela como mulher coletivamente, e ao apoio que recebeu ou não de seu cônjuge ou da cultura em sua maternidade.

Honre a força, a sabedoria e a compreensão dela, e lhe ofereça gratidão por ter escolhido dar à luz. Você pode não sentir isso, mas o objetivo aqui é criar um coração aberto para que consiga acreditar que sua mãe fez o melhor que pôde. Ao fazer esse ritual, você cura as feridas de sua mãe, assim como as suas próprias, para que não precise mais carregar a dor de sua mãe e possa começar a carregar a luz dela.

Pense no que você precisa nesse ritual em relação à sua mãe. Por exemplo, será que precisa entendê-la, perdoá-la, responsabilizá-la, aceitá-la, recuperar algum aspecto dela que ela escondeu, viver um luto por ela, deixá-la ir ou pedir que ela a liberte?

Coloque seu objeto ou fotografia sobre o altar e fale sua linhagem feminina em voz alta. Por exemplo, eu diria: "Eu sou Maureen Elizabeth, neta de Julia Frances Virginia Dunn, filha de Julia Frances Virginia, irmã de Rosemary Teresa, mãe de Heather e Brendan."

Se você participar desse ritual com outras pessoas, conte alguma lembrança sobre sua mãe. Depois fale diretamente com sua mãe e lhe diga o que você aprecia nela ou o que ainda precisa que ela lhe forneça. Quando terminar, acenda uma vela para sua mãe, abençoe-a e deixe-a ir.

Os exemplos a seguir são de um ritual em grupo que fez parte de uma oficina de fim de semana da jornada da heroína, realizada no Noroeste Pacífico dos Estados Unidos.

Ellen ligou para sua mãe no meio da noite, dois dias antes de nosso ritual, a fim de pedir emprestado seu medalhão. Ela o colocou no altar com um sorriso e nos disse que aquela era sua peça favorita entre as joias de sua mãe, porque guardava um segredo. Dentro do medalhão havia uma fotografia de seu pai e, debaixo dela, havia a fotografia de outro homem, chamado "Cowboy Mike", que havia estado na vida de sua mãe antes de seu pai. Ellen disse que o medalhão representava uma centelha que sua mãe carregava escondida dentro de si. Ela queria reivindicar essa centelha para si mesma. Quando falou com sua mãe durante o ritual, ela lhe pediu uma centelha de coragem para si mesma!

Francine colocou no altar uma fotografia de uma bela mulher arrumada no estilo dos anos 1940 e disse: "Minha mãe era uma fumante inveterada e viciada em barbitúricos. Ela morreu porque não sabia cuidar de si mesma. Ela ensinou seus filhos a cuidar de si mesmos, mas não era capaz de fazer o mesmo por si. Ela morreu de enfisema pulmonar e insuficiência hepática.

"Ela era uma mulher forte, uma enfermeira do Exército durante a Segunda Guerra Mundial. Ela mesma me deu à luz e cortou o cordão umbilical com sua tesoura de costura. Ela havia ligado para o hospital para irem buscá-la, mas eles não acreditaram que ela pudesse estar dando à luz tão rápido. Depois do parto, ela ligou para eles e segurou o telefone para que ouvissem o som do bebê que era eu e disse: 'Agora vocês acreditam em mim?' Então eles enviaram uma ambulância."

Francine então disse: "Eu quero honrar minha mãe por sua força, mas gostaria que ela tivesse procurado ajuda para resolver seus problemas. Eu a responsabilizo por ser uma viciada. Ela morreu quando eu era muito jovem e eu sentia falta de tê-la como minha mãe."

Ginny colocou uma concha no altar e disse: "Minha mãe nunca foi ao AA, então eu não posso chamá-la de alcoólatra, mas ela tinha um problema com a bebida. Ela me enviou esta concha da Flórida depois de me visitar e ver que eu colecionava pedras e conchas. Esta concha a representa; é dura e quebradiça na superfície, assim como minha mãe. Ela era fria e cruel comigo quando criança e me mantinha à distância. O interior desta concha é rosado, delicado e bonito. Eu sei que minha mãe deve ser uma pessoa linda por dentro, porque as pessoas de sua igreja a valorizam muito. Ela simplesmente nunca me mostrou esse lado de si.

"Minha mãe nunca aprendeu a se valorizar vivendo com meu pai, que sempre era o centro das atenções. Minhas lágrimas são por sua incapacidade de expressar seus sentimentos de qualquer outra forma que não a raiva. Ela não teve o apoio de mulheres como nós temos agora. Ela poderia ter sido uma pessoa diferente se tivesse tido."

Imaginação ativa: linhagem feminina

Faça este exercício, se possível, ao som de uma batida de tambor ou em silêncio.

Neste exercício, você voltará no tempo, percorrendo sua linhagem feminina, o fio que a conecta às ancestrais femininas de sua família: sua mãe, sua avó, sua bisavó, e assim por diante. O objetivo do exercício é identificar os pontos fortes e os dons de cada mulher e reivindicá-los como parte do legado delas a você.

De pé, feche os olhos e concentre-se em sua respiração. Tenha consciência do seu corpo e da sua conexão com a terra. Respire fundo três vezes.

(Pausa.) A cada vez que expirar, seu corpo se tornará mais relaxado e você passará a níveis mais profundos de consciência, onde mais imagens são acessíveis a você. Agora imagine, se quiser, que está no meio de um campo muito bonito. Você percebe o ambiente ao seu redor, as cores, as texturas, os cheiros e os sons.

Agora, dê um passo atrás e se ponha no lugar de sua mãe. (Pausa.) À medida que se coloca no lugar de sua mãe, tome consciência do ambiente dela. Onde ela mora? Observe cores, cheiros, sons e texturas. Que alimentos sua mãe adora? Sinta as emoções dela, seus sonhos, suas aspirações. Sinta os anseios dela, suas frustrações. Tome consciência de seus pontos fortes e de suas habilidades. O que ela sabe sobre ser mulher? Como ela se fortaleceu como mulher? (Retenha a imagem enquanto ela parecer viva.)

Agora, dê um passo atrás e se ponha no lugar de sua avó. À medida que se coloca no lugar de sua avó, observe o ambiente dela. Quais são as cores, os sons, os cheiros e as texturas da vida dela? Quais são os alimentos que ela prepara? Sinta seu corpo, suas emoções, seus sonhos, suas aspirações. Quais são seus pontos fortes e suas habilidades especiais? Como ela celebra a vida? O que ela sabe sobre ser mulher? (Pausa de vários minutos.)

Agora, mais uma vez, dê um passo atrás no tempo e se ponha no lugar de sua bisavó. Embora você provavelmente não a tenha conhecido ou mesmo ouvido histórias sobre ela, recorra à sua imaginação. Observe a época e a cultura em que ela vive. Quais são as cores, as texturas e os sons no ambiente dela? Quais são os cheiros? O que ela cozinha? Tome consciência das pessoas em sua vida. Sinta seu corpo, suas emoções, seus sonhos, suas aspirações. Sinta seus anseios, suas frustrações. Quais são seus pontos fortes e suas habilidades? O que ela sabe sobre ser mulher? (Pausa.)

Agora, dê um passo atrás na sua linhagem feminina para duzentos anos atrás e se ponha no lugar de sua ancestral naquela época. Usando sua imaginação, olhe à sua volta. Em que país ela vive? Como é a sua moradia? Ela vive no campo ou na cidade? De que etnia ela é? Qual é sua aparência física? Que roupa ela veste? Que alimentos cozinha? Ela tem filhos? É casada? Quais são as atividades de sua vida diária? Sinta a força física e a resistência dela. Tome consciência de suas emoções, seus sonhos, suas aspirações. O que a vida dela lhe ensina sobre ser mulher? (Retenha a imagem enquanto ela parecer viva.)

Agora, dê mais um passo atrás no tempo ao longo de sua linhagem feminina para quinhentos anos atrás. Em que país vive sua ancestral? Ponha-se no lugar dela e tome consciência do ambiente em que ela vive. Observe cores, sons, cheiros, texturas, gostos. De que alimentos ela gosta? Quais são as atividades de sua vida diária? Quem são as pessoas em sua vida? O que ela gosta de fazer? Perceba suas habilidades e talentos. Sinta a força física e a resistência dela. O que a vida dela lhe ensina sobre ser mulher? (Pausa.)

Agora, dê um passo atrás no tempo para 5 mil anos atrás, para a época em que a Deusa era reverenciada. Você se encontra em uma clareira rodeada de árvores. Sua ancestral Deusa dá um passo à frente para cumprimentá-la. Observe como ela está vestida; perceba sua presença.

Ela a pega pela mão e a leva até sua casa, onde você é a convidada de honra. Você assimila as cores, as texturas, os sons e cheiros do ambiente. Ela lhe oferece alimentos que se comem com as mãos e lhe dá uma bebida para celebrar sua jornada. Ela lhe mostra seus trabalhos manuais e a instrui nas habilidades de seu ofício e em suas ervas de cura. Ela lhe mostra como vive e lhe pergunta sobre sua vida. Ela compartilha sua criatividade, sua sabedoria e seus rituais com você. Ela lhe ensina a honrar o sagrado feminino. (Retenha a imagem enquanto ela parecer viva.)

Antes de partir, sua ancestral Deusa pega suas mãos, olha no fundo de seus olhos e lhe dá um presente. (O presente pode ser um objeto, um símbolo, uma palavra, uma canção, uma dança, etc.) Ela lhe diz para levar o presente para as mulheres de sua linhagem feminina e para lembrá-las de nunca esquecerem quem são.

Com gratidão, você pede licença e dá um passo à frente.

Agora avance suavemente no tempo ao longo de sua linhagem feminina, para a sua ancestral de quinhentos anos atrás. Ela a espera e estende a mão para tomar as suas. Você sente as mãos dela, as alegrias, as tristezas e o amor que há nelas. Você a honra e lhe fala de sua antiga ancestral Deusa. Você mostra o presente que recebeu. Ela lhe diz que, por causa de sua jornada, ela está curada de alguma forma particular. Ela lhe dá a bênção e um presente para você levar consigo em sua jornada. (Pausa.) Você aceita o presente, a abraça e parte. Agora, dê um passo à frente.

Continue caminhando adiante pela sua linhagem feminina, saudando cada uma de suas ancestrais – inclusive sua bisavó e sua avó – até chegar à sua mãe. Ao longo do caminho, conte a cada uma sobre as mulheres que vieram antes delas. Compartilhe os dons e habilidades que lhe foram dados para levar para as mulheres de hoje. Cada mulher reconhece o poder curativo de sua jornada e agradece a você.

Agora caminhe no tempo ao longo de sua linhagem feminina até a época de sua mãe. Ela a espera e estende a mão para tomar as suas. Você sente as mãos dela, as alegrias, as tristezas e o amor que há nelas. Você a honra e lhe fala das mulheres, suas antigas ancestrais. Ela lhe diz que, por causa de sua jornada, ela está curada de alguma forma particular. Ela lhe ensina uma habilidade ou lhe dá uma dádiva de sua criatividade para levar consigo em sua jornada. (Pausa.) Você aceita a dádiva, a abraça e vai embora. Você dá um passo à frente.

Caminhe agora e encontre-se novamente no campo onde começou sua jornada. Tome consciência de seus pés sobre a terra e sinta a força de seu corpo. Você está fortalecida por todas as mulheres de sua linhagem feminina – sua saúde, suas dádivas, sua criatividade e sabedoria. Segure as dádivas que lhe foram dadas pelas suas ancestrais e avance no tempo. Dê essas dádivas à sua filha ou às mulheres que virão depois de você. (Pausa.) Saiba que você carrega a sabedoria e a criatividade de todas essas mulheres dentro de si. Tome consciência de seu corpo físico e comece a voltar à plena consciência desperta. Respire fundo, conte até cinco e abra os olhos. Expresse sua experiência através de escrita, poesia, pintura, dança, argila, colagem, relato falado ou canção.

O poema a seguir, de Tina Michelle Datsko, foi escrito durante uma oficina da jornada da heroína.

Mamãe e a boutique da morte
1.
A porta de vidro se fecha atrás de mim,
e sou engolida pelo frio criogênico
de ar-condicionado. Luzes fluorescentes
zumbem perniciosamente logo acima.
O interior do salão é inteiramente típico.
As prateleiras de vidro exaltam uma mística europeia,
sussurrando uma transcendência cremosa da mortalidade.

Estou à procura de minha mãe.
Falo com a menina do balcão.
Meus lábios estão se movendo? Eu não consigo ouvir nenhum som.
Seus olhos porto-riquenhos profundamente escuros brilham
inexpressivos de volta para mim. Ela sorri
lindamente e de seus dentes
brancos como conchas vem a música. Subindo, caindo,
borbulhando, um riacho no bosque escuro.
Eu entro e vou para o santuário interior.
Está ainda mais frio e mal iluminado aqui.
O cômodo está fragmentado
em cubículos. Eu vagueio, abrindo
as cortinas até encontrá-la.
Ela está deitada numa cadeira
reclinável revestida com
um estofamento de poliuretano liso.
Ela veste um vestido de papel azul,
touca de papel e botas de papel.
Ela parece relaxada e mimada.
Eu grito.
Depois suplico, enquanto a linda jovem
prepara a agulha para a aniquilação.
"Não, mamãe, não! Não vá! Não estou pronta
para a sua partida!"
Ela me olha friamente. Sua boca
de peixe fisgado fica franzida.
A agulha pica seu braço de alabastro e sangue azul.
Eu grito e soluço até acordar.
Meu amante me envolve para perto de seu coração
e meu horror me hiperventila.
Em nosso vagão-apartamento
na Calle Convento
em Santurce, as noites úmidas me
banham. *Croac. Croac. Croac.*

2.
Ontem à noite, flutuando no banho amniótico,
Eu fui purificada. Culpa vortexada
pelo ralo.
Mamãe, você fechou o piano, enegreceu
seu sorriso e escolheu desaparecer.
Mamãe, eu não posso largar a minha
pena, me entregar. Você me fez
mais forte do que você. Cada fôlego que você
tirou de mim voltou para mim em dobro.
As palavras que enterrei nunca morreram.
Elas cresceram e se tornaram uma grande árvore
espalhando suas ramas para cima e para baixo,
com peras maduras prontas para serem colhidas.[6]

Rituais de sonhos

Pode ser que você queira usar um ritual como forma de representar fisicamente alguma mudança de atitude interior que um sonho exija. Os melhores rituais são físicos, solitários e silenciosos. Aborde seu ritual com consciência e reverência.

Anos atrás, eu sonhei com tubérculos que estavam enfiados num pequeno pote de barro, sufocados por falta de ar e espaço. No sonho, eu os separava cuidadosamente e os colocava em seus próprios potes. Na época do sonho, meu filho de 27 anos e eu estávamos envolvidos num processo de separação que era doloroso para nós dois. Nós dois estávamos nos comportando mal por causa da dor e da rejeição que sentíamos devido ao nosso emaranhado emocional de longa data.

O desapego liberta o coração do passado e do futuro. Ele nos dá a liberdade de sermos quem somos, amando os outros pelo que eles são.
— MARION WOODMAN

Depois de ter esse sonho, decidi fotografar tubérculos, tanto juntos quanto separados. Ao longo de várias semanas escolhi os tubérculos com as raízes mais emaranhadas na feira e os fotografei contra um fundo de veludo preto. Ao revelar as fotos e olhar tanto para os tubérculos sozinhos quanto para os agrupados, percebi que estava ritualizando o sonho. Certamente estava na hora de eu separar minhas raízes das do meu filho e deixá-lo "respirar" em seu próprio pote. Meses depois, ele se preparou para se mudar para 4.800 quilômetros longe de casa.

Sara, uma mulher de 35 anos que pertencia ao meu grupo de mulheres de sonhos, sonhou com uma bela capa de lã vermelha que representava sua feminilidade. Ela estava sofrendo pelo luto de seu bebê que nascera morto um ano antes e sabia que a capa representava um aspecto emergente de sua natureza feminina curada. Quando as outras mulheres do grupo sugeriram que ela ritualizasse o sonho, ela logo saiu e comprou um tecido de lã de caxemira vermelha para fazer a capa.

REGISTRE TODOS OS SEUS SONHOS ENQUANTO ESTIVER EXPLORANDO ESTE CAPÍTULO.

6
Curando o masculino ferido

Cortar a cabeça do patriarcado dentro de nós é cortar seu suprimento de energia: suas diretrizes e regras, os raciocínios e valores falsos que nos separam de nossa realidade e nos tiram a voz.
– MARION WOODMAN e ELINOR DICKSON,
Dancing in the Flames

Na lenda do Santo Graal, Percival buscava o cálice usado por Cristo na Última Ceia e o antigo caldeirão da Grande Deusa. Percival se aventurou no Castelo do Graal, onde viu o Rei Pescador com uma ferida nos genitais ou na coxa, uma ferida que não cicatrizava. O próprio Graal poderia curá-lo, mas, para isso, ele precisava que um jovem tolo e inocente como Percival visse que algo estava errado, tivesse compaixão e lhe perguntasse: "O que te aflige?" Somente então o rei poderia dispor das qualidades curativas do Graal. Mas Percival não podia fazer essa pergunta porque, quando se aventurou pela primeira vez no Castelo do Graal, ainda não tinha feito o difícil trabalho que é a tomada de consciência.

O rei representa o princípio dominante em nossa psique e em nossa cultura. Ele abençoa, encoraja a criatividade e estabelece um universo ordenado apenas por sua presença. A ferida na coxa significa que o rei está ferido em sua capacidade gerativa, em sua capacidade de relacionar-se. Como o Rei Pescador, também nós estamos feridas em nossa capacidade de nos relacionar com nosso eu interior profundo, com a nossa capacidade feminina de crescimento e criação. E como Percival – cujo nome significa "Aquele que une os opostos" – não reconhecemos o fato de estarmos desequilibradas. É necessário que um aspecto de nós mesmas reconheça nossa dor, tenha compaixão e pergunte: "O que te aflige?" Só então seremos curadas.

Estamos separadas de nosso feminino criativo. Nossa mente racional o desvaloriza e o ignora. Nós nos recusamos a ouvir nossa intuição, nossos sentimentos e a profunda sabedoria de nosso corpo. Sentimos a tristeza e a solidão dessa alienação, mas não reconhecemos que esses sentimentos são resultado de um desequilíbrio dentro de nossa natureza.

O questionamento em si é suficiente porque é o falar, o verdadeiro gesto da alma de um ato de compaixão, que cura.
– ROBERT SARDELLO

O masculino é uma força arquetípica, não um gênero. Assim como o feminino, o masculino é uma força criativa que vive dentro de todas as mulheres e de todos os homens. Em seu aspecto positivo, é protetor, orientado para o exterior, racional, ordenado e solidário. Ele serve como a ponte que liga nossa imaginação criativa e nossos sonhos à sua realização. Quando o masculino fica em desequilíbrio e sem vínculo com a vida, ele se torna combativo, crítico e destrutivo. Quando está desconectado, esse arquétipo masculino pode se tornar frio, distante e desumano, ignorando nossas limitações humanas. Ele exige perfeição, controle e dominação; nada jamais será suficiente. Muitas de nós somos como o Rei Pescador: nossa natureza masculina está ferida.

O Graal é o símbolo do princípio feminino sagrado e criativo acessível a todos nós. O Graal pode curar o rei, assim como o feminino pode curar nossa natureza masculina. Na lenda, o Graal é sempre transportado pela donzela do Graal; no entanto, nem Percival nem o rei enxergam esse fato.

Percival teve a experiência do Graal, do Castelo do Graal e do Rei Pescador ferido, mas ele não perguntou: "O que te aflige?" Se quisermos nos curar, precisamos tornar essa pergunta consciente. O elemento masculino desconectado dentro de cada uma de nós nos leva para além do ponto de equilíbrio. Eu tive a experiência de estar à mercê de minha própria natureza masculina perfeccionista ao tentar terminar meu livro *Fathers' Daughters* dentro do prazo. Deixei meu "motivador" incansável assumir o controle, trabalhei como louca, sem parar, para enviar meu manuscrito à editora a tempo, e tive um colapso completo. Consegui satisfazer meu tirano interior à custa de minha saúde física e emocional.

Ao curar o masculino ferido, temos que identificar dentro de nós mesmas as qualidades do masculino ferido que projetamos sobre os homens em nossa vida. A menos que essas partes inconscientes de nossa psique sejam levadas a algum nível de consciência, nós "vemos" essas qualidades e características em outras pessoas da nossa vida e nos sentimos atraídas ou repelidas por elas. Isso é conhecido como projeção de nossa sombra. Não importa se nossos maridos, amantes, filhos, pais e colegas homens de fato incorporam características como rigidez, crítica, desconexão dos sentimentos, ambição cega e desejo de controle – eles carregam nos ombros essas e outras partes repudiadas de nós mesmas.

Às vezes, os homens na nossa vida também carregam as partes não expressas de nossa natureza masculina positiva. Uma cliente minha separou-se há pouco tempo de seu companheiro, com quem estava havia 16 anos. Embora Carol, uma consultora de negócios, tenha independência financeira, ela contava com Hank para preencher o papel de protetor e a ilusão de provedor. Quando alguma coisa dava errado com o carro ou em casa, ela ligava para Hank. Ele adorava resolver problemas e se identificava com esse papel de reparador. Embora Carol seja extremamente competente no trabalho, ela não sabe trocar um fusível nem encontrar um encanador confiável. Hank sempre se encarregou dessas tarefas, e Carol sempre pôde contar com ele.

O sistema sempre vai entrar em colapso enquanto você não estiver no rumo certo.

– CAROLYN MYSE

É verdade que na maioria dos relacionamentos há uma divisão de trabalho e responsabilidade, mas, como Carol, algumas mulheres se sentem impotentes para assumir as habilidades "masculinas", que são geralmente assumidas por seus parceiros, sejam homens ou mulheres. Ela diz: "Nunca me considerei uma mulher dependente, e é muito difícil admitir quanto eu contava com Hank para cuidar de mim."

Ao identificar o masculino ferido, precisamos olhar para as partes de nós mesmas que foram repressivas com o nosso corpo, que abandonaram nossos sentimentos ou que agressivamente negaram e desrespeitaram nossos limites, nossa intuição e nossos sonhos. Precisamos reconhecer nosso crítico aniquilador interior, que exige perfeição e nos lembra que o que fazemos nunca é suficientemente bom, assim como o motivador persistente que nunca nos deixa parar. Temos que examinar as partes de nós que são antagonistas, dominadoras, famintas de poder, rígidas, ciumentas, gananciosas e implacavelmente competitivas.

> As mulheres com frequência precisam voltar aos arquétipos do Ego e fortalecer a força de seu Ego antes de conseguirem manifestar seu verdadeiro Self e seus dons no mundo. A menos que façam isso, as mulheres até podem encontrar sua verdadeira Alma, mas serão incapazes de trazer a sabedoria conquistada em suas jornadas interiores para beneficiar o mundo.
>
> – CAROL PEARSON

Numa época em que mais de 50% das mulheres americanas são as únicas ou principais fontes de sustento de suas famílias, ganhando pelo menos metade da renda doméstica, é importante que elas incorporem fortes traços masculinos positivos. Mas também é importante que lembremos quem somos como *mulheres*. Podemos fazer isso desenvolvendo uma forte crença em nós mesmas, a capacidade de seguir em frente e de nos apoiar, a visão para examinar todas as possibilidades, a coragem para ampliar nossa resistência interior e para defender nossas posições, a disposição de cometer erros e uma competitividade saudável. Precisamos estabelecer um Protetor interior forte, construir uma ponte saudável entre nossas imagens e sua manifestação, e desenvolver um guia masculino interior solidário, um homem com coração. Precisamos reivindicar nossa própria autoridade falando nossa verdade como *mulheres* e compartilhando nossa sabedoria feminina com os outros.

Figuras masculinas nos sonhos

Muitas vezes é difícil identificar algo vago como o aspecto masculino de nós mesmas a menos que prestemos atenção nas qualidades dos personagens masculinos em nossos sonhos. Essas figuras masculinas interiores carregam nossas qualidades masculinas e costumam servir como guias inestimáveis. Nos dois sonhos a seguir, a sonhadora, Antonia, cultiva uma relação com sua natureza masculina positiva interior, personificada primeiro como um artesão e depois como um pescador.

> Estou em uma velha fazenda. É uma propriedade muito grande e parece bastante antiga. Há pátios de pedra com chafarizes e trepadeiras de buganvílias muito antigas se retorcendo sobre as paredes. Tudo parece muito tranquilo e solitário, como se o lugar tivesse sido abandonado. Ando um pouco e entro numa oficina, onde vejo o artesão trabalhando de costas para mim. Ele está soldando e esculpindo algo com chamas azuis e amarelas. Eu o ouço cantando sobre as propriedades dos materiais com os quais está trabalhando, como se fosse um encantamento alquímico. Ao ouvir com atenção, percebo que ele está cantando a meu respeito. "Ela nasceu no ano do Dragão, um dragão de água." Ele passa a citar e a cantar características minhas muito específicas. Ao vê-lo trabalhar, de repente me dou conta de que esta é a oficina onde as relações são criadas, relações que mais tarde se manifestarão no mundo exterior, e ele está criando uma para mim. Estou encantada e curiosa. À medida que me aproximo, fica claro para mim que posso assistir e ouvir, mas não falar ou interferir de nenhuma forma no processo. O artesão se afasta para olhar seu trabalho de vez em quando, e obviamente está encantado com o resultado. Ouço-o dizer: "Esta é uma verdadeira obra de arte – ele nunca saberá o que o atingiu."

A figura masculina do sonho está ativa. Ela combina elementos metálicos com o fogo da transformação para criar algo novo para a sonhadora, com quem claramente se importa muito. O homem a conhece bem o suficiente para enumerar suas qualidades e está preparando algo de grande valor para presenteá-la. Trata-se de um guia positivo.

A sonhadora tem um grande respeito pelo que o artesão está fazendo. Ela sabe que ele está criando uma relação no mundo exterior que complementará quem ela é. Ela também sabe que não deve interferir no processo, que deve esperar e suportar a tensão de não saber. O que se manifestará no mundo exterior está sendo cuidadosamente forjado no fogo do seu inconsciente. O que ela traz para o processo alquímico é uma presença consciente, que ela desenvolveu ao longo dos anos por meio de sua prática de meditação.

Esperar e suportar a tensão de não saber é uma disciplina que faz parte do processo criativo. Quando algo novo está surgindo, há um período de reunir ideias, classificar os materiais e escutar nossos sonhos e nossa intuição. Durante esse tempo, parece que nada está acontecendo, e é importante não permitir que a voz crítica interfira. Quando trazemos a parte crítica muito cedo para o processo, eliminamos a possibilidade de viver com o desconhecido. Embora crie enorme ansiedade, à qual a maioria de nós resiste a qualquer custo, o desconhecido é o espaço de grande fertilidade e crescimento. Só precisamos suportá-lo.

Nove meses (o símbolo da gravidez) após ter esse sonho, a sonhadora tomou consciência de se sentir continuamente distanciada em sua relação com seu amado. Ela nunca sentiu que ele estivesse fazendo uma "escolha clara" em relação a ela, e concluiu que ele nunca assumiria um compromisso de longo prazo. Embora o amasse profundamente, ela fez um ritual de separação, no qual deixou de lado seu "apego ao homem indisponível", para dar lugar a um parceiro que não tivesse medo de amá-la completamente. Uma semana depois, ela rompeu o relacionamento sabendo que não podia mais comprometer sua própria natureza ao se contentar com uma situação em que não havia uma escolha clara. Ela disse: "Não posso esperar que outra pessoa faça uma escolha consciente por mim até que eu faça a escolha clara de estar numa relação comigo mesma." Depois disso, ela tomou consciência de uma forte presença interior que dizia: "Ela é minha amada." Um mês depois, ela teve o seguinte sonho:

Vejo um pescador forte e simples, habilmente remendando suas redes, sentado sozinho em uma sala à beira-mar. Ele está concentrado em seu trabalho e parece muito dedicado e muito humilde. Entro na sala com a sensação de ter percorrido uma longa distância e examinado muitas opções. Digo-lhe que, depois de ver tudo o que vi e de viajar para todos os lugares onde estive, escolhi estar com ele. Ele então levanta o rosto de sua tarefa e me encara com seus olhos muito brilhantes e o rosto iluminado. Ele mal pode acreditar que eu realmente o escolhi e está tomado de alegria.

Nesse sonho, a figura feminina, Antonia, é ativa; ela faz uma escolha consciente de amar o pescador. Essa decisão a ocupa há muito tempo; ela fez sua jornada, fez seu trabalho interior e examinou muitas opções antes de escolher uma relação com um homem que conhece as profundezas. Dessa vez, a figura masculina do sonho é aquela que permite que o processo se desenrole. Enquanto espera, ele se senta sozinho e se concentra em suas tarefas diárias, remendando redes depois de capturar peixes. O pescador e o ato de pescar são muitas vezes simbólicos da consciência de Cristo. A sonhadora escolheu estar numa relação com a sua própria natureza divina masculina. Ela assumiu um compromisso consigo mesma.

Quatro meses depois, Antonia pediu demissão de seu trabalho como tradutora de uma grande corporação. Ela não estava propriamente insatisfeita com seu trabalho, mas sabia que não era "uma pessoa em tempo integral" e sentia que não estava dando o melhor de si. Ela também acreditava que algo melhor apareceria. Além de seu trabalho regular, ela fazia com frequência traduções aos finais de semana para seu mestre espiritual em grandes conferências. Ela então lhe disse que agora estava disponível para trabalhar para ele, caso ele precisasse. O mestre respondeu imediatamente que ficaria feliz em tê-la como tradutora durante suas viagens por toda a América do Sul e Central. De certa forma, seu sonho tinha afirmado sua confiança em seu processo interior, além de tê-la preparado para esse novo relacionamento com seu mestre.

A consciência feminina está assentada no coração. O sentimento vem com o pensamento e, à medida que o pensamento é falado, o coração se abre e o sentimento flui para níveis mais profundos, mais ricos. A feminilidade é silenciada em nossa cultura. Simplesmente não há tempo para ela.

– MARION WOODMAN

Como mencionei antes, as figuras masculinas nos sonhos muitas vezes cumprem o papel de guias ou catalisadores de mudança. Às vezes, eles levam a sonhadora ao mundo inferior, onde ela encontra o Divino Feminino. Recentemente, tive um sonho no qual a figura masculina me levou às profundezas de uma caverna, a um espaço cerimonial, onde encontrei uma Curandeira. Lá ela me fez tomar consciência da necessidade de fazer meu trabalho interior.

Estou na garupa da moto de meu marido, me segurando. Estamos descendo por uma série de cavernas, onde muitas pessoas estão examinando pinturas antigas no teto. Viajamos para mais fundo e ele me leva a um espaço cerimonial, onde uma Curandeira preparou uma cerimônia para me dar meu cachimbo. Estou sentada no chão diante de três mulheres. Um grupo de pessoas, as quais não vejo, está à minha esquerda. A cerimônia é muito longa, lenta e entediante enquanto a Curandeira diz suas orações. Meu marido fica atrás de mim, com a mão alternadamente sobre meu ombro ou sobre as minhas costas o tempo todo. Joanni e Barbara, duas mulheres que participaram de minhas oficinas, me presenteiam com elementos medicinais. Fico particularmente tocada pela pena de corvo que elas me dão, um símbolo para mim de renascimento e criatividade.

A Curandeira coloca a haste do cachimbo em minha mão direita e depois a cerimônia cessa. Ela afirma sentir que algo não está em harmonia com seu povo. Ela se levanta e vai para fora. Nós esperamos. Quando retorna, ela diz que não pode continuar a cerimônia. Eu sinto que algo não está em harmonia comigo e foi por isso que ela parou.

Na época em que tive esse sonho, eu e meu marido (com quem eu ficara por 11 anos) tínhamos acabado de nos divorciar. Apesar de ambos termos concordado que o casamento havia terminado, a separação desencadeou uma profunda descida para mim. Portanto, não é de admirar que, no sonho, meu marido fosse o veículo para a minha jornada ao mundo inferior. Ele me leva a uma caverna de símbolos antigos (o inconsciente). Eu encontro uma Curandeira, que é uma imagem arquetípica do divino feminino. Ela prepara uma cerimônia para me dar meu cachimbo, um símbolo do *Self*, a união do masculino e do feminino.

Meu marido fica atrás de mim enquanto eu me preparo para receber o cachimbo. Meu masculino interior me apoia para fazer meu trabalho de alma interior. Eu mesma não teria escolhido fazer essa jornada; eu não queria enfrentar os desafios que o processo de crescimento da alma sempre traz. Como tantas vezes acontece quando resistimos ao nosso crescimento e evolução, são as circunstâncias externas da vida que exigem de nós uma atitude.

Damos graças à nossa mãe, a terra, que nos sustenta...
ao vento, que, movendo o ar, baniu as doenças...
ao nosso avô He-no, que protege seus netos...
e nos dá sua chuva... ao sol, que observa a terra com um olhar bondoso.
– Oração de ação de graças dos iroqueses[1]

As mulheres do sonho me dão elementos medicinais – sou apoiada pelo meu feminino interior para fazer meu trabalho de alma. A Curandeira me dá a haste do cachimbo, que simboliza o princípio ativo e masculino. Ela sente, no entanto, que eu ainda não estou pronta para receber o fornilho do cachimbo, que simboliza o feminino. Tenho mais trabalho a fazer para trazer meu inconsciente à consciência antes que eu esteja pronta para aceitar este símbolo do *Self*.

Perguntas para escrever e refletir

* Identifique os homens importantes na sua vida. O que você aprendeu com cada um deles sobre o masculino?
* Como você reage quando ouve a palavra *masculino*? Que tipo de sentimentos a palavra desperta em você? Que associações você tem com a literatura, a cultura, a religião, a mitologia, etc.?
* Em que aspectos sua infância teria sido diferente ou igual se você fosse um menino? Que liberdades, oportunidades, atenção, responsabilidade você acha que teria tido?

* Como sua vida seria diferente se você fosse um homem?
* Se eu fosse um homem, minhas prioridades seriam _____.
* Se eu fosse um homem, eu seria livre para _____.
* Se eu fosse um homem, eu seria limitado por _____.
* Identifique as partes de sua natureza masculina com as quais você se sente confortável. Por exemplo, sinto-me à vontade para estabelecer objetivos e levar as coisas até o fim, para proteger meus filhos, ter autoridade, etc.
* Identifique as partes de sua natureza masculina com as quais você se sente desconfortável. Por exemplo, eu me sinto desconfortável quando me sinto desconectada de meus sentimentos ou quando me pego descartando os sentimentos dos outros, quando me motivo e ajo para além de minha zona de conforto físico, quando sou perfeccionista, quando minha crítica interior leva a melhor sobre mim.
* Em quais pessoas de sua vida você projeta qualidades masculinas negativas?
* Como você cultiva os aspectos saudáveis de sua natureza masculina? Por exemplo, assumi um compromisso com minha criatividade em vez de culpar os outros pelo tempo que levo para atender às necessidades deles, cuido das minhas questões financeiras, estou aprendendo a me proteger, etc.
* Como você acolhe sua natureza masculina? Por exemplo, você pode escrever: Estou fazendo um curso ou treinamento para desenvolver as habilidades necessárias para mudar de carreira depois que meus filhos saírem de casa; estou acompanhando como gasto meu tempo para que eu possa administrá-lo melhor; instalei um sistema de alarme em minha casa.

Imaginação ativa: Protetor Interior

Feche os olhos e concentre sua atenção no ar se movendo para dentro... e... para fora de suas narinas. Respire fundo três vezes e, ao expirar, libere toda a tensão que possa estar carregando em qualquer parte do seu corpo. Ao respirar em seu próprio ritmo, mentalize que, a cada exalação, você se move mais e mais profundamente para níveis de consciência onde mais imagens e memórias lhe são acessíveis.

Agora imagine que você pode criar qualquer proteção de que necessite hoje. Essa proteção a manterá segura e forte durante todas as suas atividades, inclusive enquanto estiver dormindo. Esse Protetor Interior pode tomar a forma de uma pessoa, como um pai forte, um amante ou amigo, ou um animal imaginário que a acompanhará e cuidará de você. Como é o seu protetor? Que qualidades ele tem?

Seu protetor também pode tomar a forma de um campo de energia ao seu redor. Se for o caso, visualize-se envolta num cobertor de luz branca. Concentre-se em seu coração e veja, sinta ou imagine uma luz branca que emana do seu peito e a cerca da cabeça aos pés. Continue a se circundar por essa luz branca até formar um casulo de energia protetora ao seu redor. Quando se sentir protegida e segura, comece a contar até cinco e, lentamente, retorne à plena consciência desperta.

Escreva, grave ou desenhe sua experiência desenvolvida com seu Protetor Interior.

Depois de fazer esse exercício repetidamente, Susan, uma artista com quase 40 anos de idade, descreveu uma imagem de cobrir o próprio corpo com um forte saco de papel feito de casca de árvore. Naquele dia, foi até a faculdade onde lecionava artes e ficou surpresa ao descobrir que o chefe de seu departamento havia atribuído uma de suas aulas a outro membro do corpo docente, sem informá-la. No passado, ela teria concordado com a decisão do chefe. Porém, nesse dia, sentindo-se calma e protegida, ela decidiu pedir demissão. Não estou sugerindo aqui que seu Protetor Interior a faça abandonar seu emprego; entretanto, isso pode ajudá-la a se recusar a aceitar um tratamento que seja destrutivo para sua autoestima.

Atividade artística: escudo protetor

Faça uma colagem de imagens que simbolizem a proteção para você e lhe proporcionem força para sua jornada. Por exemplo, em meu escudo, tenho imagens de vários de meus aliados animais: corvo, águia, coruja, golfinho, assim como a da Virgem Negra de Le Puy, para onde fiz uma peregrinação.

Os quatro cantos representam os quatro elementos: água, terra, ar e fogo. No centro de minha colagem, há um sagrado coração que me foi presenteado por minha amiga Betty. Cerquei o coração com imagens dos protetores presentes em minha vida, inclusive de quatro mulheres em uma banheira de hidromassagem, a quem pedi recentemente que me mantivessem a salvo e me ajudassem a curar meu coração.

Algumas mulheres gostam de colar fotos de todos os homens e mulheres que as protegeram ao longo da vida ou de criar um "protetor fantasia", com todas as qualidades necessárias para ajudá-las a se sentirem seguras. Outra ideia é buscar imagens ou símbolos dos homens que não a protegeram ao longo da vida e colocá-los no pé de seu escudo, fazendo, em seguida, algum trabalho interior para responsabilizá-los. Quando você se sentir completa – e somente então –, perdoe-os e deixe-os para trás.

Atividade artística: colagem dos homens importantes em sua vida

Faça uma colagem dos homens importantes em sua vida, pensando sobre o que você admira neles e como eles a inspiram. Esses homens podem ser parentes, homens da história, da arte, da literatura, da mitologia, da política, do cinema e afins. Use fotos de revistas, fotografias atuais, fotos antigas e retratos coloridos à mão. Faça uma espécie de colcha de retalhos ou mosaico sobre a cartolina. Dialogue com cada um desses homens que for acrescentando à sua colagem. De que maneira os homens da colagem refletem aspectos seus que você valoriza e deseja integrar mais?

Tabela de atributos femininos e masculinos

Alcançar o equilíbrio envolve integrar os aspectos positivos dos sentimentos e comportamentos que têm sido descritos estereotipicamente como femininos e masculinos. Os termos *feminino* e *masculino* são usados para descrever formas de ser, princípios inerentes à existência humana e encarnados tanto por mulheres quanto por homens. Eles não têm a ver com gênero. Até muito recentemente, o *feminino* foi distorcido pela cultura ocidental para transmitir a ideia de mulher/fraqueza, enquanto o *masculino* foi distorcido para transmitir a noção de homem/força. Essas palavras deveriam se referir a um *continuum* de atributos inerentes a todos os seres humanos, sem limitação de gênero.

> *A consciência masculina frequentemente tenta ajudar a feminina a falar. Ela salta e assume o controle. Ela não espera que o corpo conheça a sua verdade. Tampouco espera pelo momento certo. A consciência feminina sente o momento certo.*
> – Marion Woodman

A seguir, veremos uma lista de atributos que inclui conceitos culturalmente reconhecíveis de feminino e masculino encarnados tanto por mulheres quanto por homens. Esta lista é apresentada como um exemplo de sentimentos e comportamentos masculinos e femininos – e não tem a intenção de estereotipar ou limitar a compreensão do feminino e do masculino. Quando esses atributos estão em equilíbrio, eles contribuem para o funcionamento saudável da psique. Quando estão em desequilíbrio, a psique fica estressada. Você notará, por exemplo, que a qualidade de ser "assertiva e direta" pode se tornar "manipuladora e indireta" quando está fora de equilíbrio. Complete a lista de qualidades que estão desequilibradas.

QUALIDADE FEMININA EM EQUILÍBRIO	QUANDO EM DESEQUILÍBRIO, SE TORNA
• assertiva, direta	• manipuladora, indireta
• relacional	• controladora
• calorosa, acolhedora	• sufocante
• difusa	• sem foco
• permissiva	• passiva
• maleável, acomodativa	• vítima, mártir
• agregadora, precisa se conectar	• dependente
• associativa, estabelece contatos	
• criativa	
• solidária	
• comprometida, responsável	
• corajosa, protetora	
• íntima	
• aberta, inclusiva	
• envolvente	
• fértil	
• empoderada	
• sensual, erótica	
• sensível	
• calma, serena	
• empática, compassiva	
• emocionalmente expressiva	
• fluida, criativamente mutável	
• orientada para o corpo	
• funciona num tempo cíclico	
• independente, com autoestima	
• tolerante, receptiva	
• vulnerável	
• voltada para o interior	
• não violenta	
• ligada a emoções, sonhos e intuição	
• interdependente	

QUALIDADE MASCULINA EM EQUILÍBRIO	QUANDO EM DESEQUILÍBRIO, SE TORNA
• competitiva	• violenta, dominadora
• determinada, intelectual	• friamente racional
• faz as coisas acontecerem	• autoritária e controladora
• disciplinada	• rigidamente apegada à lei e à ordem
• protetora	• manipuladora
• compassiva, empática	• sentimental
• direcionada para o exterior	• emocionalmente indisponível
• corajosa, poderosa	
• solidária, instrutiva	
• estável, ambiciosa	
• comprometida, responsável	
• resistente, perseverante	
• acolhe muitos pontos de vista	
• discriminadora, faz distinções	
• estabelece limites	
• fiel à justiça e à verdade	
• funciona num tempo linear	
• objetiva	
• digna, merecedora	
• busca autonomia, liberdade, separação	
• independente	
• acolhedora	
• sexual	
• estratégica, orientada a objetivos	
• deseja criar estrutura	

* Como você identifica as qualidades femininas e masculinas dentro de si mesma? Faça sua própria lista.
* Como essas qualidades beneficiam você e como elas a atrapalham?
* Em quais situações você age mais de acordo com sua natureza feminina, e em quais age mais de acordo com sua natureza masculina?
* Quando você se sente em desequilíbrio? Quando você se sente em equilíbrio?
* O que você pode fazer para trazer mais equilíbrio à sua vida?

Grupos de sonhos

Com frequência, os sonhos estão semanas, meses ou anos à frente de sua compreensão consciente; portanto, ao rever os seus sonhos de vez em quando, você às vezes é capaz de perceber sequências e temas. É surpreendente como um sonho antigo de repente pode se tornar mais compreensível.

– Karen A. Signell, *A sabedoria dos sonhos*

Os sonhos muitas vezes nos orientam sobre o que está acontecendo em nossa psique. Como mencionei antes, é útil rever seus sonhos pelo menos uma vez por ano para observar os temas e padrões que estão vindo à tona e quaisquer mudanças ou impasses relacionados a eles que ocorreram em sua vida desperta. Muitas pessoas descobrem que contar seus sonhos a alguém as ajuda a esclarecer o sonho, mesmo que o outro não lhes dê retorno.[2] Se estiver interessada em receber feedback e não estiver em terapia, talvez seja interessante juntar-se a um grupo de sonhos ou criar um.

Faço parte de um grupo feminino semanal de sonhos, no qual cada uma das cinco integrantes conta seu sonho no presente, como se o sonho estivesse sendo sonhado naquele momento. As integrantes que manifestam uma forte conexão com o sonho respondem como se o sonho fosse delas. Por exemplo, uma mulher pode dizer: "Se esse sonho fosse meu, significaria..." ou "Se eu estivesse em sua situação de vida e esse sonho fosse meu, ele me diria...". Dessa forma, é possível receber as associações de outra pessoa, sem que o sonho seja, de fato, analisado ou interpretado. Essas associações podem ser muito úteis para oferecer uma nova perspectiva sobre suas próprias associações e interpretações. É importante ouvir com atenção a voz essencial do sonho, mesmo que ela possa ser perturbadora ou indesejada na vida externa da pessoa que sonha.

REGISTRE TODOS OS SEUS SONHOS ENQUANTO ESTIVER EXPLORANDO ESTE CAPÍTULO.

7
O casamento sagrado

Se você se preocupa com homens e mulheres, tome consciência do Tao. Quando você para de tentar e afrouxa seu controle sobre os outros, a vida toma conta de si mesma.
– PAMELA METZ e JACQUELINE TOBIN, *O Tao da mulher*

Em mitos antigos, o casamento sagrado da Deusa com seu filho ou consorte representava a regeneração cíclica da vida, concentrando-se no sexo, no amor e na regeneração. O maior poder era dar e nutrir a vida, e a Deusa era vista como aquela que dava a vida e a tomava de volta para que ela renascesse. O casamento sagrado era visto como o catalisador que ativava uma nova vida a cada primavera.

À medida que a sociedade se tornou mais centrada no masculino, o casamento sagrado e seu foco na vida – a unidade cíclica de nascimento, sexo, morte e regeneração – foram perdendo relevância. As memórias do casamento sagrado da Deusa e dos mitos e ritos de sexo e do nascimento ainda permaneceram, mas com o tempo os mitos de uma união sagrada se focaram não entre a mulher e o homem, mas entre o homem e Deus, um casamento sagrado no qual o feminino desapareceu.[1] No cristianismo medieval, o casamento sagrado passou por outra transformação radical: em vez de uma celebração da vida e do amor, tornou-se uma celebração da dor e da morte.[2]

No mundo da psique, o casamento sagrado é o casamento entre o ego e o *Self*. A heroína compreende a dinâmica de suas naturezas feminina e masculina e trabalha para integrá-las. Como esclareci no capítulo anterior, a integração exige a retirada das projeções de uma mulher sobre os homens em sua vida. A mulher não apenas projeta sua natureza masculina ferida sobre os homens, mas frequentemente projeta também seu potencial, esperando que o homem realize seu destino. Quando, em vez disso, se dedica ao seu próprio trabalho criativo e o faz surgir para o mundo, a mulher recupera sua própria consciência feminina, e ambos os aspectos de sua natureza se tornam parte consciente de sua personalidade.

> *Para os homens, a mulher eterna e sombria, em suas muitas roupagens, é a ponte para o Self. Para as mulheres, ela é a parte feminina do Self. Em ambos os gêneros, ela é a matriz criativa que dá à luz a nova ordem.*
> – MARION WOODMAN

Por meio do casamento sagrado – a unidade de todos os opostos –, a mulher se recorda de sua verdadeira natureza. "É um momento de reconhecimento, uma espécie de lembrança daquilo que em algum lugar, lá no fundo, sempre soubemos. Os problemas atuais não foram resolvidos, os conflitos permanecem, mas o sofrimento dessa pessoa, desde que não fuja deles, não mais levará a neuroses, e sim a uma nova vida. O indivíduo vislumbra intuitivamente quem ele é."[3] De acordo com o que escreve a analista junguiana June Singer:

> Uma pessoa sábia disse certa vez que o objetivo do princípio masculino é a perfeição e o objetivo do princípio feminino é a completude. Se você é perfeito, não pode ser completo, porque deve deixar de fora todas as imperfeições de sua natureza. Se você é completo, não pode ser perfeito, pois ser completo significa que você contém o bem e o mal, o certo e o errado, a esperança e o desespero. Portanto, talvez seja melhor contentar-se com algo menos do que a perfeição e algo menos do que a completude. Talvez precisemos estar mais dispostos a aceitar a vida como ela é.[4]

O casamento sagrado é completo quando uma mulher une os dois aspectos de sua natureza, quando o feminino e o masculino começam a se estimar mutuamente. Essa é a tarefa da heroína contemporânea. A heroína se torna a Senhora de Ambos os Mundos; ela é capaz de navegar pelas águas da vida cotidiana e de ouvir os ensinamentos das profundezas. Ela é a Senhora do Céu e da Terra e do Mundo Inferior. Ela ganhou sabedoria com suas experiências; não precisa mais culpar o outro; ela *é* o outro. Ela traz essa sabedoria de volta para compartilhar com o mundo. E as mulheres, os homens e as crianças do mundo são transformados por sua jornada.

O resultado da união do feminino e do masculino é o nascimento de uma nova entidade, a criança divina, o *Self*. A heroína está centrada na plenitude da heroína. Vivendo responsavelmente a partir desse lugar de consciência, ela pode fazer algo pela humanidade. Quanto mais consciente ela for, mais possível é demonstrar compaixão e verdadeiro amor pelos outros. Essa é a dádiva que a heroína traz de volta à comunidade de sua jornada. Mas não até que ela tenha aprendido a manter sua própria soberania.

Gawain e lady Ragnell

Uma das grandes narrativas sobre o casamento sagrado é o conto inglês "Gawain e lady Ragnell", que retrata a cura tanto do masculino ferido quanto do feminino distorcido. A história se passa na Inglaterra do século XIV.[5]

Um dia, no final do verão, Gawain, sobrinho do rei Arthur, estava com seu tio e os cavaleiros da corte em Carlisle. Naquele dia, o rei retornou da caçada em Inglewood com um aspecto tão pálido e abatido que Gawain o acompanhou até seus aposentos e lhe perguntou o que ele tinha.

A jornada heroica para as mulheres é correr o risco de amar, dia após dia.
— KAREN SIGNELL

Enquanto estava caçando sozinho, Arthur fora abordado por um temível cavaleiro das terras do norte chamado sir Gromer, que buscava vingança pela perda de suas terras. Ele poupou Arthur, dando-lhe a chance de salvar sua vida, desde que se encontrassem dali a um ano, no mesmo local, desarmado, e com a resposta para a pergunta: "O que as mulheres mais desejam, acima de tudo?" Se ele encontrasse a resposta correta a essa pergunta, sua vida seria poupada.

Gawain garantiu a Arthur que, juntos, seriam capazes de encontrar a resposta correta, e durante 12 meses ambos coletaram respostas provenientes de todos os cantos do reino. Quando o dia se aproximava, Arthur ficou preocupado, pois nenhuma das respostas parecia ser a verdadeira.

Alguns dias antes de encontrar sir Gromer, Arthur cavalgou sozinho pelos juncos dourados e urzes roxas até um bosque de grandes carvalhos. Diante dele, surgiu uma mulher enorme e grotesca. "Ela era quase tão larga quanto alta, sua pele era verde mosqueada e tufos de cabelos parecidos com ervas daninhas cobriam sua cabeça. Seu rosto parecia mais o de um animal do que o de um ser humano."[6] Seu nome era lady Ragnell.

A mulher revelou a Arthur que sabia que ele estava prestes a encontrar o irmão postiço dela, sir Gromer, e que ele não tinha a resposta certa para a pergunta. Ela lhe disse que conhecia a resposta correta e que lhe diria caso o cavaleiro Gawain se tornasse seu marido. Arthur ficou chocado e gritou que isso era impossível; ele não poderia dar a ela seu sobrinho.

Ela então deixou muito claro para Arthur que não lhe havia pedido que lhe *desse* o cavaleiro Gawain. "Somente se o próprio Gawain concordar em se casar comigo é que lhe darei a resposta. Essas são as minhas condições."[7] Ao dizer isso, ela avisou que o encontraria no mesmo lugar no dia seguinte e desapareceu por entre os carvalhos.

Arthur ficou arrasado, porque não podia sequer considerar pedir a seu sobrinho que entregasse a própria vida em um casamento com aquela mulher tão feia a fim de se salvar. Gawain saiu do castelo para se encontrar com o rei e, ao vê-lo pálido e tenso, perguntou-lhe o que havia acontecido. No início, Arthur recusou-se a contar, mas, quando finalmente relatou os termos da proposta de lady Ragnell, Gawain ficou encantado por poder salvar a vida do tio. Quando Arthur suplicou a ele que não se sacrificasse, Gawain respondeu que aquela era a sua escolha e a sua decisão. Ele retornaria com Arthur no dia seguinte para entregar-se em matrimônio a lady Ragnell, com a condição de que a resposta que ela desse salvasse a vida de seu tio.

Assim, Arthur e Gawain se encontraram com lady Ragnell e concordaram com sua condição. No dia seguinte, Arthur cavalgou sozinho e desarmado até Inglewood para encontrar sir Gromer. Primeiro tentou todas as outras respostas e, assim que sir Gromer ergueu a espada para parti-lo em dois, acrescentou: "Eu tenho mais uma resposta. O que uma mulher deseja acima de tudo é o poder da soberania – o direito de exercer a própria vontade."[8] Sir Gromer, indignado por saber que Arthur descobrira a verdadeira resposta com a ajuda de lady Ragnell, fez um juramento contra sua irmã postiça e fugiu para a floresta.

Gawain cumpriu sua promessa e se casou com lady Ragnell naquele dia. Após a festa de casamento, que foi testemunhada em choque e num silêncio desconfortável pelos cavaleiros e damas da corte, o casal se retirou para seus aposentos. Lady Ragnell pediu a Gawain que a beijasse: Gawain foi até ela imediatamente e a beijou. Quando ele deu um passo atrás, viu-se diante de uma jovem esbelta, de olhos cinzentos e rosto sorridente.

Chocado e desconfiado, Gawain perguntou o que havia acontecido para que ocorresse uma mudança assim tão radical. Ela lhe contou que seu irmão postiço sempre a odiara e pedira à sua mãe, que tinha conhecimento de feitiçaria, que a transformasse numa criatura monstruosa que só poderia ser libertada se o melhor cavaleiro da Grã-Bretanha a escolhesse de bom grado para ser sua noiva. Gawain então lhe perguntou por que sir Gromer a odiava tanto.

"Ele me achava ousada e pouco feminina porque eu o desafiava. Recusei-me a obedecer suas ordens tanto com relação às minhas terras quanto à minha pessoa."[9] Admirado, Gawain sorriu para ela, pois estava maravilhado com o fato de que o feitiço fora quebrado. "Só em parte", advertiu ela. "Você tem uma escolha, querido Gawain, sobre como eu serei. Você me teria assim, na minha própria forma, à noite, e na minha antiga forma, feia, de dia? Ou prefere me ter grotesca à noite em nosso quarto e em minha própria forma no castelo durante o dia? Pense bem antes de escolher."[10]

Gawain pensou por um momento e se ajoelhou diante dela, tocou sua mão e lhe disse que essa era uma escolha que deveria ser apenas dela. Afirmou ainda que, qualquer que fosse a sua escolha, ele a apoiaria de bom grado. Lady Ragnell irradiava alegria. "Você respondeu bem, querido Gawain, pois sua resposta quebrou completamente o feitiço maligno de Gromer. A última condição que ele estabeleceu foi cumprida! Ele disse que se, após o casamento com o melhor cavaleiro da Grã-Bretanha, meu marido me desse livremente o poder de escolha, o poder de exercer meu próprio livre-arbítrio, o encantamento maligno seria quebrado para sempre."[11]

Cada uma de nós, em sua jornada pela vida, tem a oportunidade de encontrar e dar sua dádiva única. Não importa se esse presente é grande ou pequeno aos olhos do mundo – não importa de modo algum. É através da descoberta e da doação que podemos vir a conhecer a alegria que está no centro dos tempos sombrios e também dos tempos da luz.
– HELEN LUKE, *An African Tale*

Lady Ragnell e Gawain se uniram em um casamento sagrado de dois iguais, que fizeram uma escolha livre e consciente de estarem juntos. Lady Ragnell havia sido enfeitiçada por seu perverso irmão postiço por haver afirmado sua vontade e protegido sua sexualidade. Gawain não impôs a ela a sua vontade, dando-lhe a liberdade de transformar, assim, sua desfiguração. Lady Ragnell teve a capacidade de salvar o rei, e Gawain teve a sabedoria de reconhecer a soberania do feminino. Juntos, eles encontraram o amor curativo. Em algumas versões da narrativa, lady Ragnell é a Deusa do Graal – aquela que leva o Graal para o castelo do Rei Pescador, e Gawain é tanto seu curandeiro quanto seu amante.

Como lady Ragnell, para viver heroicamente, a mulher deve pertencer apenas a si mesma; ela deve ter soberania sobre a própria vida. Ela deve utilizar a espada do discernimento para cortar as amarras do ego que a prendem ao passado e descobrir o que serve ao propósito de sua alma. Ela deve abrir mão do ressentimento em relação à mãe, deixar de lado as acusações e a idealização do pai e encontrar a coragem para enfrentar suas sombras. Ela deve ser determinada, corajosa e disposta a superar seus medos para forjar novos caminhos interiores.

A tarefa da heroína contemporânea é extrair a prata e o ouro de dentro de si mesma. Ao honrar seu corpo e sua alma, assim como sua mente, ela cura a ruptura dentro de si mesma e da cultura. As mulheres de hoje estão conquistando a coragem para expressar sua visão, a força para estabelecer limites e a disposição para assumir responsabilidades por si próprias e pelos outros de uma forma nova. Elas fazem com que as pessoas se recordem de suas origens, da necessidade de viver com consciência e de sua obrigação de preservar a vida na Terra.

Ritual: círculo de pedras

Em determinado momento da sua vida, é hora de dar uma colher de chá às pessoas que você responsabilizou por feri-la ou decepcioná-la. Essas são as "amarras do ego" que a prendem ao passado. Algo pode ter acontecido com você durante um relacionamento com alguém que tenha mudado sua vida de uma forma profunda e significativa. Você talvez carregue as feridas de abuso sexual ou físico, abandono, traição, divórcio ou a morte de um ente querido. O Círculo de Pedras é um ritual para fazer as pazes com os relacionamentos do passado. Sem esse processo, você pode permanecer presa como vítima, agarrada ao sofrimento ou à fantasia.

Nesse ritual, você terá a oportunidade de criar um receptáculo, no qual poderá travar um diálogo com uma ou mais pessoas com as quais você tenha assuntos mal resolvidos, mesmo sem tê-las presentes. Depois de dizer a elas e de ouvir tudo o que precisa, você poderá deixá-las partir. Ao libertar cada pessoa que considera responsável por sua dor (ou, no caso de um ente querido que tenha falecido, por aspectos de sua vida que você não sente que pode administrar por conta própria), você estará livre para seguir adiante em sua jornada.

Encontre um lugar isolado na natureza, onde você possa se sentar sem interrupções. É importante achar um lugar seguro para fazer seu trabalho, afinal você estará criando um espaço sagrado e ritualístico. Passe algum tempo reunindo pedras que representem cada pessoa com quem gostaria de dialogar. Deixe que as pedras se apresentem, sem escolher. O formato, a cor ou o tamanho de uma determinada pedra deverá recordá-la de cada pessoa.

Quando tiver recolhido suas pedras, encontre mais uma que represente você mesma. Volte ao local onde você está prestes a criar seu círculo de pedras e marque a área com sálvia, para purificação. Em seguida, organize as pedras de tal forma que você também faça parte do círculo. Por exemplo, coloque uma pedra que represente sua mãe, outra para seu pai, seu cônjuge, seu filho e seu amigo – e uma para si mesma. Sente-se no círculo com todas as seis pedras. Cinco ou seis pedras é o número recomendado, mas você pode descobrir que, em vez disso, deseja se concentrar em apenas um ou dois relacionamentos. (Você sempre pode aumentar o número de pedras.)

Reserve um momento para fechar os olhos, se concentrar e fazer uma prece para alcançar a orientação que deseja. Em seguida, escolha uma pedra com a qual iniciar seu diálogo. Conte a esse parente, amigo ou amiga sobre as feridas que você sofreu no relacionamento entre vocês, como se sentiu decepcionada, abusada, descartada, presa ou de alguma forma prejudicada por ele ou ela. Fale sobre seus anseios por conexão e sobre como se sente frustrada. Reconheça o que você apreciou. Agora escute o que seu parente, amigo ou amiga tem a dizer. Permita que um diálogo evolua para que você possa dizer tudo que sempre quis e também possa ouvir a resposta da pessoa.

Prossiga com este diálogo até não ter mais nada a dizer. Quando se sentir completa, talvez queira expressar sua gratidão pela presença dessa pessoa e dizer que você a libera das feridas e decepções que atribuiu ao relacionamento entre vocês. A partir desse ponto, você não mais a responsabiliza por sua vida. Você é responsável por seu próprio destino.

Da mesma forma, dirija-se a cada uma das pedras do seu círculo. Fale, chore, grite. Certifique-se de dar a si mesma permissão para falar sua verdade e ouvir a deles. Você não precisa ser racional. Deixe a pedra que representa você por último. Quando estiver pronta para dialogar com sua pedra, conte a si mesma sobre sua vergonha, sua raiva, seus anseios, desejos e decepções. Você pode achar que dialogar consigo dessa maneira será o maior desafio de todos. Perdoe-se pela forma como você deixou a si mesma na mão. Então reconheça a si mesma por seu crescimento, suas realizações, sua criatividade e sabedoria, assim como por seu desejo de se curar. Quando você tiver completado o processo com cada pessoa do círculo, inclusive consigo mesma, abençoe a todos à sua própria maneira e abra o círculo. Devolva as pedras à natureza. Então você estará livre para seguir adiante.

Atividade artística: máscaras

Em nossa cultura, muitas de nós usamos máscaras para esconder quem somos de nós mesmas e também dos outros. A criadora de máscaras, Valerie T. Bechtol, elaborou o seguinte exercício para que as participantes de nossas oficinas se concentrassem nos dois aspectos de si mesmas, interior e exterior. Ao criar sua própria máscara, pense em quem você está apresentando ao mundo exterior, sua máscara exterior, e quem você é lá no fundo, a sua máscara interior. Embora seja possível confeccionar a máscara por conta própria, sugiro que você a faça em parceria com alguém. É provável que você queira rever a descida e as imagens surgidas durante a atividade de imaginação ativa da descida, recordando as diversas máscaras que você exibe para o mundo.

Para cada máscara você precisará de dois rolos de gaze gessada de aproximadamente 8 cm de largura e cortada em comprimentos diferentes, além de tesoura, vaselina, óleo para pele de bebê, uma touca de banho e um balde de água morna.

Participante de uma das oficinas segurando sua máscara finalizada.

Corte pedaços maiores da gaze para a testa e o queixo, quadrados de 8 cm de lado para bochechas, nariz e olhos, e tiras estreitas para a ponta do nariz e os lábios. Corte pedaços de gaze suficientes para três camadas.

Faça a máscara numa área externa ou, se for trabalhar numa parte interna, forre o piso com plástico. Prenda seus cabelos (ou os de seu parceiro ou parceira) e proteja-os, colocando-os sob a touca de banho; passe vaselina em toda a borda da linha do cabelo; cubra todo o rosto com óleo para bebê. Mergulhe uma grande tira de gaze gessada em água morna e a aplique sobre sua testa. Use seus dedos para alisar qualquer protuberância no gesso. Comece pela testa e vá descendo pelo rosto, até o queixo, usando sucessivas faixas gessadas. Sempre sobreponha as tiras. Uma vez concluída a primeira camada da testa até o queixo, repita o mesmo procedimento para as duas camadas seguintes. Cubra os olhos caso se sinta confortável para fazê-lo e deixe furos de respiração nas narinas de sua máscara. A primeira camada de tiras de gesso cria o molde de seu rosto e as duas camadas seguintes reforçam a máscara.

Permita que a máscara "se assente" por aproximadamente cinco minutos, antes de removê-la de seu próprio rosto ou do rosto de seu parceiro ou parceira. A maneira mais fácil de removê-la é abrir espaço sob toda a borda da máscara com seu dedo e depois puxá-la suavemente. Enquanto ainda estiver molhada, você pode dar um acabamento nas bordas de toda a máscara dobrando tiras estreitas da gaze de gesso ao longo das bordas para reforçar quaisquer pontos fracos.

Coloque a máscara numa área externa, para secar sob o sol; em climas úmidos, coloque-a sobre uma assadeira e leve ao forno quente a cerca de 100 graus, por vinte a trinta minutos. Depois que a máscara secar, é preciso revesti-la com cola branca para selá-la. O gesso seca de dentro para fora, portanto certifique-se de que esteja realmente seca.

Depois que sua máscara estiver pronta e selada, passe algum tempo com ela antes de pintá-la. As pessoas sempre ficam surpresas com a aparência do interior da máscara. Brinque com sua máscara, durma com ela, sonhe com ela. Coloque a máscara perto do local onde você dorme e reserve alguns momentos, antes de ir para a cama, para segurá-la e olhar para ela por dentro e por fora.

Pela manhã, medite segurando-a. Preste atenção em quaisquer sentimentos, lembranças, imagens que surjam durante sua meditação. Se tiver um relacionamento profundo com a natureza ou com os animais, pode ser que sua máscara reflita esta conexão. Tome nota dos elementos que você considera importantes a seu respeito e incorpore-os a sua máscara.

Você precisará de materiais como tinta acrílica, pincéis, cola branca ou cola quente, símbolos pessoais, peles, penas, cabelos, véu, espelhos, botões e glitter. Pinte primeiro o interior de sua máscara: o seu eu interior, não a máscara que você mostra ao mundo exterior, isto é, seus sentimentos mais profundos, segredos, sonhos, a parte de si que só você conhece. Não julgue. Depois que a parte interna tiver secado, pinte a máscara externa, o rosto que você deseja mostrar para o mundo exterior. Outra sugestão é pintar sua máscara com aspectos de suas naturezas feminina e masculina (feminina por fora, masculina por dentro, ou vice-versa).

Quando a máscara já estiver pintada, talvez você queira abrir um espaço para seus olhos, caso ainda não tenha criado furos para poder enxergar. Decore a máscara, colando símbolos pessoais, como cabelos, fios ou um véu. Coloque um elástico próximo às maçãs do rosto para poder usar a máscara ou fixe um bastão no queixo para criar uma máscara de mão.

Você também pode optar por fazer um molde que se encaixe com outra parte do corpo que não o rosto. Em uma oficina de fim de semana, uma jovem grávida de nove meses fez um molde que se encaixava em sua barriga; em outra oficina, uma mulher de meia-idade que acabara de adotar uma criança fez um molde de seus seios e sua barriga. Divirta-se!

Ritual: o casamento sagrado

O *hieros gamos*, ou casamento sagrado, tem suas raízes em sistemas muito antigos de crenças, nos quais nossos ancestrais estavam convencidos de que a união entre a mulher e o homem humanos refletia e mantinha a união entre a terra e o céu. O casamento e sua consumação eram vistos como absolutamente necessários para assegurar a união permanente entre a Mãe Terra e o Pai Céu, resultando na fertilidade da terra. Para garantir seu contínuo crescimento e criatividade e também para honrar sua jornada, crie um ritual que una as duas grandes energias dentro de você, suas essências masculina e feminina.

Quando estamos apaixonadas e totalmente absorvidas em estar com alguma pessoa, fazendo algo que nutre a alma, estamos fora do tempo comum e dentro do Mundo-Mãe.
— Jean Shinoda Bolen

Para saudar o casamento sagrado, desde os tempos muito antigos até o presente, elementos similares aos sugeridos a seguir eram usados em rituais. Talvez você queira incorporá-los em seu ritual de compromisso consigo mesma.

* Reúna plantas ou flores, velas, roupas, joias, comidas favoritas e a música que quiser usar em seu ritual.
* Embeleze e prepare o seu espaço: primeiro purifique a área do ritual, queimando sálvia; acrescente obras de arte, fotografias, cores e símbolos que sejam importantes para você. Se tiver um altar, limpe-o e coloque flores frescas sobre ele.
* Invoque o espírito da deusa Afrodite ou o espírito do Amor Divino para abençoá-la em seu casamento sagrado consigo mesma.

Nos casamentos primitivos, um dos primeiros elementos rituais era que os dois membros do futuro casal renunciassem ao seu estado de ser anterior. Esse rito simbólico de separação era o primeiro ato de separação da família de origem. Para a mulher ou para o homem, isso significava, muitas vezes, rasgar peças de roupa ou doá-las; cortar, quebrar ou doar um tesouro especial da infância; cortar o cabelo; remover joias; consagrar algo de sua vida anterior a uma divindade; mudar hábitos alimentares; lavar ou ser lavado; passar por uma soleira (porta, portão ou degraus); ou arrebentar um fio.

Ao longo das etapas de sua jornada, você já realizou rituais desse tipo ao completar o ritual de separação e o ritual do círculo de pedras; ao fazer isso, você renunciou a um antigo estado de ser. Assim, como uma afirmação adicional sobre a ruptura de seus laços com o passado, incorpore um dos seguintes itens ao seu ritual:

* Atravesse ou cruze um limiar.
* Quebre ou doe um tesouro de infância.
* Corte seu cabelo.
* Rasgue uma peça de roupa ou fotografia que represente seu antigo eu.

Antes do rito matrimonial, presume-se que o casal já esteja apaixonado. No caso do casamento interior, é importante que você se aceite conscientemente como é, assim como aceitaria e amaria uma grande amiga. Você se sente confortável em sua própria companhia; você tem compaixão pelas próprias imperfeições. Você aprecia seu humor, sua paixão e sua singularidade. Você se considera sua melhor amiga. Para expressar essa etapa, você pode fazer uma ou mais das seguintes atividades:

* Acenda o fogo de sua lareira (ou outro espaço apropriado) e salpique cinzas desse fogo em seu jardim.
* Escreva uma carta de amor para si mesma, expressando seu apreço por quem você é.
* Prepare um banho com seus sais de banho favoritos (o sal simboliza Eros e a sabedoria).

* Acenda velas ao redor da banheira e coloque uma música relaxante enquanto estiver tomando banho.
* Seque-se ao sol.

Nos tempos antigos, o ritual de casamento costumava incluir uma das seguintes ações: comer uma refeição juntos; trocar pulseiras, anéis ou roupas; ligar-se ao ser amado por um nó ou cordão; enrolar-se com o parceiro em um único pedaço de pano ou roupa; beber vinho (ou outra libação) do mesmo recipiente; e dizer votos diante da família e dos amigos. Para esta parte de seu ritual interior, faça o seguinte:

* Prepare uma festa especial para celebrar sua união consigo mesma.
* Coloque um vestido novo ou outro artigo de vestuário que você tenha feito, ganhado ou comprado especialmente para sua cerimônia de casamento.
* Prepare sua bebida favorita e a sirva em uma taça que você adquiriu para sua cerimônia.
* Crie ou compre um anel ou pulseira que represente seu casamento consigo mesma.
* Escreva votos ou promessas a si mesma, a Bem-Amada. Seus votos incorporam compromissos com as partes de si mesma que você deseja reconhecer e fortalecer. Aqui está um exemplo:

Minha Bem-Amada,
    Prometo aceitar seus sentimentos, por mais desconfortáveis que sejam.
    Prometo estar atenta às suas necessidades e responder a elas.
    Prometo amá-la por quem você é, não pelo que faz.
    Prometo mantê-la a salvo de pessoas e situações que coloquem o seu bem-estar em risco.
    Prometo mandar sua voz crítica sair de férias sempre que ela interferir no seu processo criativo.
    Prometo celebrar sua criatividade e nutrir seu crescimento contínuo.
    Prometo honrar seu corpo e deixá-la descansar quando estiver exausta.

Prometo praticar exercícios, comer alimentos nutritivos e cuidar de sua saúde.

Prometo agendar um horário para você relaxar e "sentir o aroma das rosas".

Prometo nutrir sua vida espiritual.

Prometo rir e me divertir.

Prometo levá-la a sério [ou menos a sério, dependendo do que você precisar].

Prometo rever e renovar meus votos cada vez que me esquecer de cumpri-los.

Uma mulher escreveu seus votos com uma eloquência sucinta: "Prometo amar meu eu interior acima de todos os outros, cuidar de mim mesma, honrar e obedecer às escolhas do meu coração."

Você descobrirá que os sonhos de fato a informam aos poucos e às vezes levam você, gradualmente, a seguir as correntes mais profundas de sua vida. Isso acontece quando certos sonhos prendem sua atenção. Você não os vê apenas com desprendimento, como se fossem filmes interessantes, mas fica comovida por eles.

– KAREN SIGNELL

Você pode convidar amigas próximas, familiares ou um grupo de mulheres para testemunhar seu ritual ou pode preferir celebrar seu casamento sagrado no seu lugar favorito, sem a presença de mais ninguém. Se você convidar outras pessoas, presenteie-as com algo de seu passado ou peça-lhes que levem para a cerimônia algum símbolo ou presente para honrar sua jornada e as mudanças que você fez. Algumas mulheres criaram rituais nos quais pediram a uma amiga íntima que substituísse a parte masculina de si mesmas no momento de trocar os votos. Em seguida, elas desfrutaram de um banquete, dançaram e comemoraram juntas.

Nos tempos antigos, o rito final do casamento era a união sexual. No casamento interior, isso pode ser expresso de forma literal, fazendo amor consigo mesma ou, mais simbolicamente, mediante um ritual que pode incorporar uma das seguintes ações:

* Mude sua cama de direção.
* Compre roupas de cama, um edredom ou uma colcha.
* Compre uma camisola especial ou um pijama de seda.
* Use brincos ou outras joias que representem a fusão da lua e do sol (feminino e masculino).[12]
* Pense em seus desejos mais fortes ou numa bênção para si mesma e escolha um deles que você queira realizar. Na lua cheia, saia ao ar livre com um copo d'água, diga seu desejo ou bênção para a água e deixe-a no copo sob o luar. Pela manhã, assim que acordar, beba a água que foi iluminada pela lua e que assimilou seu desejo.
* Escreva suas intenções em tiras de pano e pendure-as nos galhos de sua árvore favorita.

Antes de adormecer na noite de núpcias, solicite um sonho que celebre seu casamento interior.

Sonhos

Os sonhos registram o processo de individuação e o movimento do ego em direção à consciência do eu interior. No trabalho com sonhos, assim como na confecção de máscaras, aprendemos a olhar as partes escondidas de nós mesmas – sentimentos, opiniões, ideais, personalidades –, evitando que elas permaneçam inconscientes durante a nossa vida desperta. Considerando que nossa mente consciente pode se concentrar apenas em um aspecto limitado de nosso ser total em um dado momento, podemos olhar para nossos sonhos em busca de um registro de nossa jornada e para tornar conscientes esses aspectos ocultos de nosso eu.

REGISTRE TODOS OS SEUS SONHOS ENQUANTO ESTIVER EXPLORANDO ESTE CAPÍTULO.

8
Conclusão

E a heroína? Quem precisa de uma contraparte para o herói? Vejo uma mulher muito diferente emergindo dos escombros que a maioria dos heróis deixou para trás. Aquela que não "irá" a lugar nenhum (ela pode se mover em espiral até alcançar o próprio coração, dançando ao longo de seus dias), mas que, pouco a pouco, terá entendido, em companhia de outras mulheres, que não há lugar para onde ir ou tampouco alguém a ser. Talvez seja essa a essência do caminho que a mulher tem pela frente... saber que ela "é". Isso deve ser suficiente para mantê-la ocupada por, pelo menos, alguns séculos!

– Fiona O'Connell

Quando retorna da jornada da heroína, você descobre não tanto que encontrou as respostas, mas que se tornou mais confortável para viver as perguntas. Ao olhar sua vida através das lentes da jornada da heroína, você provavelmente terá mais apreço pelas várias voltas e reviravoltas no tecido de sua história pessoal. Além disso, as perguntas às quais respondeu até aqui podem agora ter mais significado para você. Espero que estes exercícios finais lhe proporcionem a liberdade de repousar na certeza de que você não precisa viajar para nenhum lugar fora de si mesma para ser você.

Perguntas para escrever e refletir

Reflita sobre as seguintes perguntas antes de escrever ou gravar em áudio seu mito pessoal.

* Que crenças essenciais dominaram sua dinâmica familiar? Por exemplo: "Somos uma família grande e feliz", "Nunca conte um segredo a ninguém fora da família", "Nossa família não se envolve em conflitos", "Eles estão contra nós", "As mulheres de nossa família são capachos", "Minha irmã (ou meu irmão) é a mais inteligente/ bonita/criativa", "Os homens de nossa família são todos bem-sucedidos", "Todos na nossa família são muito desafinados".
* Que parte do mito familiar você carregava quando criança, e que parte carrega agora?
* Que parte de seu mito familiar você rejeitou?
* Que mensagens positivas você recebeu de sua família?
* Que barganha você fez em sua família? Barganhas familiares são acordos implícitos de que você, quando criança, será recompensada por certos comportamentos. Por exemplo: "Se eu não reclamar da raiva da minha mamãe, ganharei a atenção do papai", "Se eu ficar do lado da mamãe, ela me abraçará", "Se eu comprar doces para a mamãe, ela não gritará comigo", "Se eu ficar calada e fizer sempre o que o papai quer, ele me amará".
* De que maneira você ainda coloca em prática essas barganhas familiares em seus relacionamentos da vida adulta?

De algum modo as pessoas são cuidadas pelas histórias que contam. Se as histórias chegarem até você, cuide delas. E aprenda a doá-las para aqueles que delas necessitem. Às vezes uma pessoa precisa mais de uma história do que de comida para continuar viva.

– O corvo e a doninha

* Você já "caiu em desgraça", ou seja, houve algum momento em que perdeu sua inocência aos olhos de sua família?
* Você se lembra de uma época em que tomou consciência de "falhas" em si mesma, comportamentos dos quais não se orgulhava (mentir, trair, maltratar ou trair uma pessoa amiga)? Como você se sentiu a respeito dessas autodescobertas? Você desenvolveu um padrão de culpar os outros, culpar a si mesma ou fazer mudanças construtivas em sua vida?
* Quando você descobriu as limitações de sua mãe, de seu pai, da melhor amiga, de Deus, de um herói ou heroína? Como você foi afetada por essa descoberta? Você tirou alguma conclusão inconsciente, como, por exemplo: "Não posso confiar na pessoa que mais amo", "É perigoso precisar de alguém", "Não posso depender de mais ninguém além de mim mesma"?
* Como essas limitações feriram você? Quais são os padrões de sua vida que tiveram início em consequência dessa ferida?
* Quais são as decepções de sua mãe ou de seu pai que você ainda carrega? De que maneira ainda está vivendo a história não vivida deles?

No sentido mais profundo, deixar os próprios pais significa superar, talvez por meio da transformação, o esforço central na vida deles. Uma pessoa busca temas e padrões subjacentes às próprias atitudes e ações superficiais, o que significa que é preciso conhecer muito bem a si mesmo e aos próprios pais.

– Linda Sussman

* Você teve alguma "experiência limite" durante a infância que a despertou para um propósito de vida? Até que ponto você foi capaz de responder a esse "chamado"?

* Você fez a jornada da heroína conscientemente ou foi impulsionada para ela? Que insights você tem agora sobre si mesma como resultado de ter feito essa jornada interior?
* Que medos você superou?
* Que pontos fortes você desenvolveu?
* Que sacrifícios você fez? Quais foram as recompensas?
* Existe algum símbolo ou imagem que tenha sustentado você até este ponto da sua jornada?
* Em que ponto você está no processo de cura da ruptura entre mãe e filha? (Para a maioria das mulheres, esse é um processo contínuo que exige tempo e paciência.)
* Que dificuldades você encontrou ao integrar os aprendizados de sua jornada em sua vida cotidiana?
* Qual é o novo mito que você está criando para si mesma?

Exercício de escrita: seu mito pessoal

Escreva seu mito pessoal como se fosse um conto, uma fábula ou um poema.

Um mito pessoal é a história que você conta a si mesma e aos outros e que contém respostas sobre o sentido de sua vida. Ele reflete os sentimentos, as crenças e imagens que você tem sobre si mesma e é significativamente influenciado por seus familiares, amigos e contexto cultural. Ao rever suas respostas às perguntas da seção anterior, você começará a descobrir o mito central para sua vida.

> *Uma história é um remédio que lubrifica e iça as polias, que nos mostra como sair, para baixo, para dentro e ao redor, que abre para nós lindas portas largas em paredes previamente vazias, portas que nos levam ao nosso próprio autoconhecimento.*
> – CLARISSA PINKOLA ESTÉS

A seguir, um exemplo de como Samantha Dunn, autora e professora de formação de escritores, bordou seu mito pessoal.

A fada que caiu na Terra

Há muito tempo, numa terra de carvalhos em colinas verdejantes e de riachos de água fresca, vivia uma *bean sidhe* – uma mulher-fada. Seus olhos eram pedras de jade, seu cabelo era uma cortina de hena recolhida com uma presilha de prata na nuca, e sua pele era um creme fresco coletado das vacas mais nutridas.

Ela era capaz de observar as mulheres da cidade como uma folha numa árvore, como um rato num cantinho, como um coelho no jardim, e percebeu que era mais bonita do que elas. Ainda assim, essas mortais tinham homens para amá-las, lares para manter e crianças para alimentar em seus seios. E, embora fosse a própria perfeição da beleza e tivesse poderes especiais de fada e sabedoria conquistados ao longo dos séculos, a fada também queria ser uma mulher humana.

Quando ela contou à rainha das fadas o seu desejo, a rainha lhe disse: "Vá então e viva como uma igual entre os humanos. Mas esteja avisada de que seu resplendor será esmagado se um homem humano a rejeitar. Se isso acontecer, você vagará pela Terra como uma velha feia por sete milênios até encontrar a redenção no amor de outro."

A fada era orgulhosa demais – como todas as fadas – para acreditar que algum homem pudesse rejeitá-la. "Se houver rejeição, serei eu a decidir quem eu quero e quem não quero", disse ela. E, com arrogância descuidada, tornou-se humana.

Ela passou então a viver como qualquer mulher humana: cozinhava seu repolho, cuidava de seu jardim, alimentava os cães vadios e espalhava aveia para os pássaros. No entanto, ao ver o filho do lavrador, Sean O'Leary, ela sentiu a centelha do perigo e o êxtase do anseio, que é a maior emoção da vida humana.

Sean O'Leary tinha o cabelo de ônix emaranhado e seu porte era tão musculoso e poderoso quanto o de um puro-sangue. Seus olhos de um profundo azul logo se voltaram de livre vontade para a fada e ele se apaixonou.

"Deixe-me beijá-la, minha rosa preta irlandesa", disse-lhe, sem fazer qualquer menção a anéis de ouro ou promessas de eternidade.

A fada, cuja feminilidade humana era recente e artificial, não conhecia alianças e não exigia promessas. Ela então se entregou livremente ao belo O'Leary, esperando apenas justiça e igualdade.

Poucas semanas depois, a lua havia mudado e ela sentiu o brotar da vida dentro de si, então foi contar a O'Leary sobre a obra de arte que o amor deles havia criado. "Afaste-se de mim, sua vadia", disse ele. "Eu não a conheço, não a possuo, você não existe para mim." E então ele riu e foi embora.

Sufocamento, perda da razão ou uma maldição eterna sobre a linhagem de sangue eram a penalidade para qualquer humano que ferisse o orgulho de uma fada, com ou sem malícia premeditada. A fada, porém, havia renunciado às suas habilidades para conhecer a humanidade e nada podia fazer, além de sentir a dor de uma facada corroendo seu coração.

A advertência da velha rainha das fadas se concretizou, pois logo as rugas de feltro da fada racharam seu rosto, sua coluna vertebral ficou retorcida e torturada, e ela viu seus cabelos vermelhos caírem, substituídos por palha suja. As flores murcharam sobre as plantas de seu jardim, os pássaros fugiram de suas mãos secas e os cães latiram, protestando contra a sua fealdade.

Ela desceu ao porão de sua casa de campo e esperava conhecer a mortalidade. Contudo, o brilho da vida que começara a crescer dentro dela permaneceu e a nutriu, embora ela não quisesse que isso acontecesse.

Estava sozinha, imunda e delirante de agonia quando a força da vida decidiu fazer sua entrada no mundo. Ela conseguiu acolhê-la em trapos e olhar para seu rosto vermelho e enrugado.

"Eu tentei matar a mim e também a você. Assim seja, se você me odeia", lamentou ela. "Para todo o sempre não haverá nada para mim, de qualquer modo."

Mas a pequena vida levantou o punho e, apesar do rosto feio da mãe, agarrou-se a ela por amor. A criança lhe deu seu amor sem questionar, pois aquela fada a tinha gerado.

Dos olhos da fada brotaram mares de lágrimas. Porém, em vez de caírem nas faces ressecadas e exauridas de uma velha, elas desceram de um rosto polido, caíram sobre os lábios de botão de rosa. Ela olhou para suas mãos, rijas e esculpidas, e sabia que era outra vez uma fada.

"Sou novamente minha verdadeira natureza", ela riu, e disse à filha: "Agora posso lhe dar tudo."

E, a partir daquele dia, ela quis apenas ser seu eu fada.

Imaginação ativa: mandala

Quanto mais pudermos viver em parceria com nosso inconsciente, menos discórdia teremos dentro de nós mesmas.[1] Quanto mais o consultarmos e cooperarmos com ele, mais seremos capazes de realizar todo o potencial que somos. À medida que integramos o material do inconsciente à nossa mente consciente, finalmente tomamos consciência da plenitude de nosso ser total em unidade com o cosmos. Isso é o que chamamos de *Self*. O *Self* é representado pelo círculo, uma mandala (um círculo dividido em quatro partes), o quadrado e a união do casal real.[2]

> *O Self é tudo que experimentamos e que é maior do que nosso pequeno eu, e através dele sabemos que há algo de repleto de algum significado em nossa existência.*
>
> – JEAN SHINODA BOLEN

Comece a inspirar e expirar pelas narinas, mentalizando que, a cada expiração, você se sente mais e mais relaxada. A cada expiração, você vai entrando em níveis cada vez mais profundos de consciência, onde mais imagens e memórias são acessíveis a você. Agora respire fundo... segure o ar... e solte com um leve suspiro. Ótimo. Vamos fazer isso novamente. Agora respire fundo... segure o ar... e relaxe. Bom. Novamente, respire fundo... segure o ar... e relaxe. Muito bem.

Agora respire em seu próprio ritmo e concentre-se no centro do coração, no meio do peito. Imagine um círculo no meio do seu coração que começa a se expandir lentamente a cada inspiração. À medida que respira, o círculo começa a crescer, ficando cada vez maior, até que passa a cercar todo o seu corpo. (Pausa.)

Enquanto respira, seu círculo continua a se expandir até abranger todos os seus familiares e amigos, todos os animais, as plantas, as árvores, as rochas, a terra e o mar, o céu, o sol, a lua e as estrelas, até que, finalmente, incorpora todo o universo. (Pausa.) A cada inspiração, você e o universo se tornam um só, em energia, espírito e amor. (Pausa.) Continue a respirar em seu círculo enquanto se imagina como uma mandala, sendo tanto o centro quanto a totalidade do universo. (Pausa.) Agora comece a trazer a sua consciência de volta ao centro de seu coração, ainda sentindo sua conexão com toda vida senciente.

Quando estiver pronta, comece a retornar aos poucos à consciência plenamente desperta. Ao contar até cinco, tome consciência de seu corpo físico e de sua respiração. (Pausa.) Abra os olhos quando chegar ao cinco, sentindo-se relaxada e alerta.

Pegue um pedaço de papel branco ou preto e desenhe ou recorte um círculo. Use giz pastel, canetinhas coloridas ou tintas diversas para ilustrar sua mandala.

Como uma mandala, o sonho a seguir ilustra a integração das partes do *Self*. Você perceberá que um aspecto da sonhadora ouve a música das esferas em sua cabeça, enquanto outro a traduz numa forma visual. Juntos, eles trabalham para criar a completude, a plenitude e a alegria para todos aqueles que escutam. A sonhadora está livre para ser tão talentosa porque pode confiar que dentro de si mesma estão os recursos para atualizar todo o seu potencial.

> Estou viajando com duas pessoas. Uma delas é uma compositora muito habilidosa, um grande talento e de reconhecida genialidade. Eu a observo enquanto ela se apresenta e eu fico impressionada com quanto ela faz parte da música que cria. Vejo como aqueles que ouvem sua música ficam comovidos. Ela fica sempre a uma certa distância.
>
> Em um de seus concertos, olho para a minha direita e vejo um homem segurando um belo objeto cilíndrico, como um tambor, feito de madeira rica e brilhante e com desenhos intrincados esculpidos nele. Esse homem é o "diagramador" e esse é o dispositivo que ele usa para diagramar as composições dos músicos. Ele mesmo é muito talentoso. Ele tem várias "fontes", e as partituras que emergem de seu

dispositivo são belamente proporcionadas e visualmente perfeitas. Entendo que o trabalho do diagramador permite à compositora a liberdade de ser o talento louco, quase etéreo, que ela é, porque o diagramador captará a música no papel e a transformará em outra forma de arte, permitindo que ela perdure.

Sonhos

Se olharmos para nossos sonhos ao longo do tempo, começaremos a ver a jornada que estamos fazendo em direção à evolução do *Self*. Reveja os sonhos que você registrou enquanto explorava este livro e celebre sua jornada!

Notas

Introdução

1. D. Stephenson Bond. *Living Myth: Personal Meaning as a Way of Life*. Boston: Shambhala Publications, 1993, p. 109.
2. Ver Linda Sussman. *The Speech of the Grail*. Hudson, NY: Lindisfarne Press, 1995, pp. 7-8.
3. Robert A. Johnson. *Inner Work*. São Francisco: Harper & Row, 1986, p. 45. [Edição brasileira: *A chave do reino interior: inner work*. São Paulo: Mercuryo, 1989.]
4. Ibid.

1. Separação do feminino e identificação com o masculino

1. Marion Woodman. *Leaving My Father's House*. Boston: Shambhala Publications, 1992, p. 13.
2. Daryl Sharp. *Jung Lexicon*. Toronto: Inner City Books, 1991, p. 29. [Edição brasileira: *Léxico junguiano: dicionário de termos e conceitos*. São Paulo: Cultrix, 1993.]
3. Carl Jung. *Freud and Psychoanalysis*. Princeton, NJ: Princeton University Press, Bollingen Series 20, 1961, p. 323. [Edição brasileira: *Freud e a psicanálise*. Petrópolis: Vozes, 2013.]
4. Harriet Goldhor Lerner. *Women in Therapy*. Nova York: Harper & Row, 1988, p. 58.
5. Mary Pipher. *Reviving Ophelia*. Nova York: Putnam Publishing Group, 1994, p. 40. [Edição brasileira: *O resgate de Ofélia*. São Paulo: Martins Fontes, 1998.]
6. Ibid., p. 39.
7. Ibid.
8. Ibid., p. 22.
9. Maureen Murdock. *Fathers' Daughters: Transforming the Father-Daughter Relationship*. Nova York: Fawcett Columbine, 1996, p. 11.
10. Ibid., p. 8.
11. Johnson, *Inner Work*, p. 69.

2. O caminho de provas

1. Kathleen Noble. *The Sound of a Silver Horn*. Nova York: Fawcett Columbine, 1994, p. 67.

2   Hal Stone e Sidra Stone. *Embracing Your Inner Critic*. São Francisco: Harper-Collins, 1993, p. 103.
3   Carol Heilbrun. *Writing a Woman's Life*. Nova York: Ballantine Books, 1988, p. 130.
4   Para uma análise mais aprofundada de Psiquê e Eros, ver Robert A. Johnson. *She: Understanding Feminine Psychology*. São Francisco: Harper & Row, 1977. [Edição brasileira: *She: a chave do entendimento da Psicologia Feminina*. São Paulo: Mercuryo, 1987.]
5   Christopher Vogler. *The Writer's Journey*. Studio City, CA: Michael Wiese Productions, 1992, p. 51. [Edição brasileira: *A jornada do escritor*. Rio de Janeiro: Ampersand, 1997.]
6   Para uma análise mais aprofundada do Barba-Azul, ver: Clarissa Pinkola Estés, *Women Who Run with the Wolves*. Nova York: Ballantine Books, 1992. [Edição brasileira: *Mulheres que correm com os lobos*. Rio de Janeiro: Rocco, 1992.]
7   Johnson, *Inner Work*, p. 52.
8   Ibid., p. 56.
9   Ibid., p. 65.

3. Iniciação e descida

1   Woodman, *Leaving My Father's House*, p. 115.
2   Gail Sheehy. *New Passages*. Nova York: Random House, 1995, p. 180. [Edição brasileira: *Novas passagens: um roteiro para a vida inteira*. Rio de Janeiro: Rocco, 1997.]
3   Ann Mankowitz. *Change of Life: A Psychological Study of Dreams and Menopause*. Toronto: Inner City Books, 1984, p. 44. [Edição brasileira: *Menopausa*. São Paulo: Paulinas, 1986.]
4   Karen Kaigler-Walker. *Positive Aging: Every Woman's Quest for Wisdom and Beauty*. Berkeley: Conari Press, 1997, p. 2.
5   Helen Luke. *Woman, Earth, and Spirit*. Nova York: Crossroad, 1984, p. 56.
6   Para uma análise mais aprofundada do mito da descida de Inana, ver Sylvia Brinton Perera. *Descent to the Goddess*. Toronto: Inner City Books, 1981, p. 13. [Edição brasileira: *Caminho para a iniciação feminina*. São Paulo: Paulinas, 1985.]
7   Ibid., p. 65.
8   Ibid., p. 15.
9   Murray Stein. *In Midlife*. Woodstock, CT: Spring Publications, 1983, p. 34. [Edição brasileira: *No meio da vida*. São Paulo: Paulus, 2007.]
10 Estés, *Women Who Run with the Wolves*, p. 67.
11 Bond, *Living Myth*, p. 104.
12 Perera, *Descent to the Goddess*, p. 55.
13 Ibid., p. 81.
14 Ibid., p. 91.
15 Fiona O'Connell, "I come from a dark house" (1997). Com a licença da autora. "At noon on the plains where no trees are/ the light is pitiless. Bones are there, dry,/ unnumbered, not accounted for,/ at no known time bone of God's bone,/ female

bones with no memory of being/ fundament, pillar, lintel, sill, or roofbeam/ of any hut or castle, or of having/ upheld the blind truth of being/ through the times of any of our lives./ I cannot say to these bones, scattered/ to the four corners, dispersed, and without/ recollection, "Speak to me." How would/ they read me? Nothing of me coheres./ I come from a dark house, too long shaded/ for me to go out on the plains at noon.

16 Johnson, *Inner Work*, p. 100.
17 Ibid., p. 87.
18 Ibid., p. 94.
19 Ibid., p. 96.
20 Ibid.

4. Anseio urgente pela reconexão com o feminino

1 Marion Woodman. *The Pregnant Virgin*. Toronto: Inner City Books, 1985, p. 58. [Edição brasileira: *A virgem grávida*. São Paulo: Paulus, 1999.]
2 Marion Woodman e Elinor Dickson. *Dancing in the Flames*. Boston: Shambhala Publications, 1996, p. 52.
3 Jean Shinoda Bolen. "Intersection of the Timeless with Time: Where Two Worlds Come Together", *Address to Annual Association for Transpersonal Psychology Conference*, Monterey, CA, 6 ago. 1988.
4 The Brothers Grimm. *The Complete Grimm's Fairy Tales*. Nova York: Pantheon Books, 1994, p. 160.
5 Ibid.
6 Ibid., p. 161.
7 Ibid.
8 Ibid.
9 Ibid.
10 Estés, *Women Who Run with the Wolves*, p. 393.
11 Ibid., p. 416.
12 Ibid., p. 419.
13 Ibid., p. 441.
14 Ibid., p. 449.
15 Minha gratidão a Valerie T. Bechtol pelo excelente trabalho que ela faz com as bonecas espirituais em nossas oficinas e por me permitir usar suas notas para este exercício.
16 Karen A. Signell. *Wisdom of the Heart*. Nova York: Bantam Books, 1990, p. 36. [Edição brasileira: *A sabedoria dos sonhos*. São Paulo: Ágora, 1998.]

5. Curando a ruptura mãe-filha

1 Estella Lauter. *Women as Mythmakers*. Bloomington: Indiana University Press, 1984, p. 170.

2 May Sarton, extraído de "The Invocation to Kali", em: Laura Chester e Sharon Barba (eds.). *Rising Tides: Twentieth Century American Women Poets*. Nova York: Washington Square Press, 1973, p. 67.
3 O conto de Mesmeranda foi adaptado de: Diane Wolkstein, *The Magic Orange Tree and Other Haitian Folk Tales*. Nova York: Knopf, 1978.
4 Woodman. *Pregnant Virgin*, p. 10.
5 Woodman e Dickson. *Dancing in the Flames*, pp. 26-27.
6 Tina Michelle Datsko, "Momma and the Death Boutique", em: *Spiralling to the Light*, 1997. Com a autorização da autora.

6. Curando o masculino ferido

1 N. da T.: Os iroqueses (*iroquois*) constituem um grupo nativo da América do Norte, que habitava a região dos Grandes Lagos.
2 Signell, *Wisdom of the Heart*, p. 19.

7. O casamento sagrado

1 Riane Eisler. *Sacred Pleasure*. São Francisco: HarperCollins, 1996, p. 142. [Edição brasileira: *O prazer sagrado*. Rio de Janeiro: Rocco, 1996.]
2 Ibid., p. 152.
3 Luke, *Woman, Earth, and Spirit*, p. 63.
4 June Singer, "A Silence of the Soul", em *Quest 2*, nº 2 (verão, 1989), p. 32.
5 Ethel Johnston Phelps. *The Maid of the North*. Nova York: Holt, Rinehart and Winston, 1981.
6 Ibid., p. 37.
7 Ibid., p. 38.
8 Ibid., p. 40.
9 Ibid., p. 43.
10 Ibid., p. 44.
11 Ibid.
12 Durante a preparação do Ritual do Sagrado Casamento, tive a grata surpresa de encontrar um anel em uma feira de artesanato que representava a união do sol e da lua. O anel traz a imagem de Juno (Juno Lucina era a deusa romana da luz celestial) cercada por duas pedras da lua. O anel foi desenhado por Denise Leader.

8. Conclusão

1 Johnson, *Inner Work*, p. 5.
2 Ibid., p. 49.

Bibliografia selecionada

Anderson, Lorraine (ed.). *Sisters of the Earth.* Nova York: Vintage, 1991.
Arguelles, Jose; Arguelles, Miriam. *Mandala.* Berkeley: Shambhala Publications, 1972.
Bly, Carol. *The Passionate, Accurate Story.* Minneapolis: Milkweed Editions, 1990.
Boer, Charles (trad.). "The Hymn to Demeter". In: *Homeric Hymns.* 2. ed. rev. Irving, Tex.: Spring Publications, 1979. [Edição brasileira: Gramacho, Jair (trad.). *Hinos homéricos.* Brasília: UnB, 2003.]
Bolen, Jean Shinoda. *Crossing to Avalon: A Woman's Midlife Pilgrimage.* São Francisco: HarperSanFrancisco, 1994. [Edição brasileira: *A caminho de Avalon.* Rio de Janeiro: Rosa dos Tempos, 1996.]
Bond, D. Stephenson. *Living Myth: Personal Meaning as a Way of Life.* Boston: Shambhala Publications, 1993.
Cameron, Julia, com Mark Bryan. *The Artist's Way: A Spiritual Path to Higher Creativity.* Nova York: G. P. Putnam's Sons, 1992. [Edição brasileira: *O caminho do artista.* Rio de Janeiro: Sextante, 2020.]
Campbell, Joseph. *The Hero with a Thousand Faces.* Bollingen Series 17. Princeton: Princeton University Press, 1949. [Edição brasileira: *O herói de mil faces.* São Paulo: Pensamento, 1989.]
Chicago, Judy. *The Dinner Party.* Nova York: Anchor Books, 1996.
De Puy, Candace; Dovitch, Dana. *The Healing Choice.* Nova York: Fireside, 1997.
Duerk, Judith. *Circle of Stones: Woman's Journey to Herself.* San Diego: LuraMedia, 1989.
Eisler, Riane. *Sacred Pleasure.* São Francisco: HarperCollins, 1996. [Edição brasileira: *O prazer sagrado.* Rio de Janeiro: Rocco, 1996.]
Estés, Clarissa Pinkola. *Women Who Run with the Wolves.* Nova York: Ballantine Books, 1992. [Edição brasileira: *Mulheres que correm com os lobos.* Rio de Janeiro: Rocco, 1992.]
Estés, Clarissa Pinkola. *Women Who Run with the Wolves.* Sounds True. Áudio cassette n. A069.
Estés, Clarissa Pinkola. *In the House of the Riddle Mother.* Sounds True. Áudio cassette n. A152.
Gimbutas, Marija. *The Goddesses and Gods of Old Europe.* Berkeley and Los Angeles: University of California Press, 1982.
Gimbutas, Marija. *The Language of the Goddess.* São Francisco: Harper & Row, 1989.
Grimm, The Brothers. *The Complete Grimm's Fairy Tales.* Nova York: Pantheon Press, 1994.

Johnson, Robert A. *She: Understanding Feminine Psychology.* São Francisco: Harper & Row, 1977. [Edição brasileira: *She: a chave do entendimento da Psicologia Feminina.* São Paulo: Mercuryo, 1987.]

Johnson, Robert A. *Inner Work: Using Dreams and Active Imagination for Personal Growth.* São Francisco: Harper & Row, 1986. [Edição brasileira: *A chave do reino interior: inner work.* São Paulo: Mercuryo, 1989.]

Markova, Dawna. *No Enemies Within.* Berkeley: Conari Press, 1994.

Meador, Betty De Shang. *Uncursing the Dark.* Wilmette, Ill.: Chiron Publications, 1992.

Metz, Pamela K.; Tobin, Jacqueline L. *The Tao of Women.* Atlanta, GA: Humanics Trade, 1995. [Edição brasileira: *O Tao da mulher.* Curitiba: Lyon, 1996.]

Murdock, Maureen. *Fathers' Daughters: Transforming the Father-Daughter Relationship.* Nova York: Fawcett Columbine, 1996.

Murdock, Maureen. *The Heroine's Journey.* Boston: Shambala Publications, 1990. [Edição brasileira: *A jornada da heroína.* Rio de Janeiro: Sextante, 2022.]

Murdock, Maureen. *Spinning Inward: Using Guided Imagery with Children.* Boston: Shambhala Publications, 1987.

Noble, Kathleen. *The Sound of a Silver Horn.* Nova York: Fawcett Columbine, 1994.

Pearson, Carol S. *Awakening the Heroes Within.* São Francisco: HarperSanFrancisco, 1991. [Edição brasileira: *O despertar do herói interior.* São Paulo: Pensamento, 1991.]

Perera, Sylvia Brinton. *Descent to the Goddess.* Toronto: Inner City Books, 1981.

Pipher, Mary. *Reviving Ophelia: Saving the Selves of Adolescent Girls.* Nova York: Putnam Publishing Group, 1994. [Edição brasileira: *O resgate de Ofélia.* São Paulo: Martins Fontes, 1998.]

·Sheehy, Gail. *New Passages.* Nova York: Random House, 1995. [Edição brasileira: *Novas passagens: um roteiro para a vida inteira.* Rio de Janeiro: Rocco, 1997.]

Signell, Karen A. *Wisdom of the Heart.* Nova York: Bantam Books, 1990. [Edição brasileira: *A sabedoria dos sonhos.* São Paulo: Ágora, 1998.]

Stone, Hal; Stone, Sidra. *Embracing Your Inner Critic.* São Francisco: Harper Collins, 1993.

Stone, Merlin. *Ancient Mirrors of Womanhood.* Boston: Beacon Press, 1979.

Sussman, Linda. *The Speech of the Grail.* Nova York: Lindisfarne Press, 1995.

Tannen, Deborah. *You Just Don't Understand.* Nova York: William Morrow, Inc., 1990.

Thoele, Sue Patton. *The Woman's Book of Confidence.* Berkeley: Conari Press, 1997.

Tutuola, Amos. *The Village Witch Doctor and Other Stories.* Londres: Faber and Faber, 1990.

Walker, Barbara. *The Women's Encyclopedia of Myths and Secrets.* São Francisco: Harper & Row, 1983.

Wallis, Velma. *Two Old Women.* Seattle: Epicenter Press, 1993.

Walsch, Neale Donald. *Conversations with God.* Nova York: G. P. Putnam's Sons, 1996.

Woodman, Marion. *The Pregnant Virgin.* Toronto: Inner City Books, 1985. [Edição brasileira: *A virgem grávida.* São Paulo: Paulus, 1999.]

Woodman, Marion; Dickson, Elinor. *Dancing in the Flames.* Boston: Shambhala Publications, 1996.

Créditos

Agradecemos às seguintes poetas e seus editores por autorizarem a reimpressão de trabalhos protegidos por direitos autorais:

Tina Michelle Datsko: "Mamãe e a boutique da morte", por Tina Michelle Datsko, © 1997, de sua coleção *Spiralling to the Light*. Reimpresso com a autorização da autora.

Fiona O'Connell: "Eu venho de uma casa escura", por Fiona O'Connell, © 1997. Reimpresso com a autorização da autora.

May Sarton: "A invocação a Kali, parte 5", © 1971, por May Sarton, extraído de *Collected Poems:* 1930-1993, por May Sarton. Reimpresso com a autorização da editora W. W. Norton & Company, Inc.

Créditos das imagens

Página 2: *Virgens e Anciãs, Vigeland Park, Oslo,* por Maureen Murdock. Fotografia em preto e branco, 1988.

Página 44: *Filhas de Deméter,* por Joanne Battiste. Óleo, 48×36 polegadas, 1990. Reproduzida com a autorização da artista.

Página 88: *A Deusa do Graal,* por Marti Glenn. Colagem colorida, 8×12 polegadas, 1996. Reproduzida com a autorização da artista.

Página 151: *Criadora de máscaras,* por Anna Pomaska. Fotografia em preto e branco, extraída da Oficina da Jornada da Heroína, 5×7 polegadas, 1992. Reproduzida com a autorização da artista.

Página 159: *Os três tempos,* por Joanne Battiste. Óleo, 48×48 polegadas, 1993. Reproduzida com a autorização da artista.

Agradecimentos

Nenhuma jornada da heroína é solitária. É sempre necessária a presença de uma série de aliados e de adversários para empreender qualquer jornada perigosa. Aqui agradecerei aos meus aliados (alguns dos quais também funcionam como adversários, como todo bom criador de mitos sabe!). Meus agradecimentos especiais a Emily Hilburn Sell, minha editora na Shambhala, responsável por restaurar minha fé no mercado editorial e por me fazer rir; a Susan King, que leu a maior parte do manuscrito e me encorajou a divagar quando eu estava empacada; a Anita Swanson e Saralie Liner, elas mesmas escritoras, que deram sugestões sobre o tom e o conteúdo; a Amber Copilow, que me acompanhou em caminhadas matinais e devaneios mentais; a minha filha, Heather, por sua leitura perspicaz e seus comentários; a meu filho, Brendan, por entender meus altos e baixos e me enviar seus próprios aliados para me dar apoio; e a minha editora, Margaret Ryan, por fazer a Filha do Pedreiro sorrir.

Também quero agradecer aos milhares de mulheres e homens, meninas e meninos que realizaram a travessia comigo em oficinas da jornada da heroína, grupos de sonhos, grupos de adolescentes e aulas de escrita ao longo dos últimos trinta anos. Suas viagens intrépidas e seu generoso consentimento para usar suas histórias e seus sonhos me inspiraram a estender estes exercícios a mais pessoas.

Agradeço à minha parceira de oficinas, a artista Valerie T. Bechtol, por compartilhar suas anotações sobre a boneca espiritual e sobre os exercícios de confecção de máscaras que ela criou, oferecendo sua experiência, bem como a Flor Fernandez, Donna DeLuca, Elizabeth Waters e Layne

Redmond, que deram aulas comigo no Omega Institute. Obrigada a Carol Pearson por lecionar comigo na Universidade de Naropa (Colorado, EUA). Sou grata a Linda Venis e Ray Montalvo pelo Programa de Extensão para Escritores, na UCLA, e aos meus colegas Celeste Torrens, Terry Binkowitz, Nancee Redmond, e Leon e Linda Weber pelo apoio. Obrigada a Sally McKissick pela revisão do manuscrito, a Victoria Wertheimer por sua genialidade com computadores e a Nora Dvosin, Henry Murray e Lewin Wertheimer pelo alívio cômico.

Obrigada também a Elisa Cabal por seus sonhos, a Charles Goodman por oferecer um espelho claro, a Fernando Mata por suas mãos curadoras, a Judith Stone por sua maravilhosa perspectiva de vida, e a Lucien Wulsin Jr. por ser um catalisador. Muito obrigada às poetas e artistas que doaram generosamente seu tempo e talento para este livro: Joanne Battiste, Tina Michelle Datsko, Marti Glenn, Fiona O'Connell e Anna Pomaska.

Por fim, minha gratidão às professoras e aos professores que me tomaram pela mão e apontaram o caminho: Polly McVickar, Adelaide Fogg, Jean Houston, Joseph Campbell e Thich Nhat Hanh.

CONHEÇA ALGUNS DESTAQUES DE NOSSO CATÁLOGO

- BRENÉ BROWN: *A coragem de ser imperfeito – Como aceitar a própria vulnerabilidade, vencer a vergonha e ousar ser quem você é* (600 mil livros vendidos) e *Mais forte do que nunca*

- T. HARV EKER: *Os segredos da mente milionária* (2 milhões de livros vendidos)

- DALE CARNEGIE: *Como fazer amigos e influenciar pessoas* (16 milhões de livros vendidos) e *Como evitar preocupações e começar a viver* (6 milhões de livros vendidos)

- GREG MCKEOWN: *Essencialismo – A disciplinada busca por menos* (400 mil livros vendidos) e *Sem esforço – Torne mais fácil o que é mais importante*

- HAEMIN SUNIM: *As coisas que você só vê quando desacelera* (450 mil livros vendidos) e *Amor pelas coisas imperfeitas*

- ANA CLAUDIA QUINTANA ARANTES: *A morte é um dia que vale a pena viver* (400 mil livros vendidos) e *Pra vida toda valer a pena viver*

- ICHIRO KISHIMI E FUMITAKE KOGA: *A coragem de não agradar – Como a filosofia pode ajudar você a se libertar da opinião dos outros, superar suas limitações e se tornar a pessoa que deseja* (200 mil livros vendidos)

- SIMON SINEK: *Comece pelo porquê* (200 mil livros vendidos) e *O jogo infinito*

- ROBERT B. CIALDINI: *As armas da persuasão* (350 mil livros vendidos) e *Pré-suasão – A influência começa antes mesmo da primeira palavra*

- ECKHART TOLLE: *O poder do agora* (1,2 milhão de livros vendidos) e *Um novo mundo* (240 mil livros vendidos)

- EDITH EVA EGER: *A bailarina de Auschwitz* (600 mil livros vendidos)

- CRISTINA NÚÑEZ PEREIRA E RAFAEL R. VALCÁRCEL: *Emocionário – Um guia prático e lúdico para lidar com as emoções* (de 4 a 11 anos) (800 mil livros vendidos)

sextante.com.br